U0125413

致 读 者

祝您找到正确的事并做好它，
获得更多的成果

为成果而管理

（全面修订新译本）

MANAGING FOR
RESULTS

[美] 彼得·德鲁克 著
(PETER F. DRUCKER)

刘雪慰 徐孝民 译

机械工业出版社
CHINA MACHINE PRESS

北京市版权局著作权合同登记　图字：01-2005-5265 号。

图书在版编目（CIP）数据

为成果而管理 /（美）彼得·德鲁克（Peter F. Drucker）著；刘雪慰，徐孝民译 . —北京：机械工业出版社，2023.12（2024.7 重印）

书名原文：Managing for Results

ISBN 978-7-111-74255-5

Ⅰ. ①为⋯　Ⅱ. ①彼⋯ ②刘⋯ ③徐⋯　Ⅲ. ①企业战略 – 战略管理　Ⅳ. ① F272.1

中国国家版本馆 CIP 数据核字（2023）第 241620 号

机械工业出版社（北京市百万庄大街 22 号　邮政编码 100037）

策划编辑：李文静　　　　　　　责任编辑：李文静　张　昕
责任校对：张亚楠　张　薇　　　责任印制：郜　敏

三河市宏达印刷有限公司印刷

2024 年 7 月第 1 版第 2 次印刷

170mm×230mm・18.5 印张・2 插页・260 千字

标准书号：ISBN 978-7-111-74255-5

定价：99.00 元

电话服务　　　　　　　　　　网络服务

客服电话：010-88361066　　　机 工 官 网：www.cmpbook.com
　　　　　010-88379833　　　机 工 官 博：weibo.com/cmp1952
　　　　　010-68326294　　　金 书 网：www.golden-book.com
封底无防伪标均为盗版　　机工教育服务网：www.cmpedu.com

　　本书是第一本述及我们现在所称的"企业战略"的书，至今仍是这类主题的书中最广为使用的一本。20多年前，我写这本书时，原定的书名其实就是"企业战略"。但在那个年代，"战略"一词并不常用。我和我的出版商还去征求过我们的熟人对书名的意见，他们中间有企业管理者、咨询顾问、教管理的教师和书店老板，结果大家都强烈反对用这个词。我们一而再，再而三地听到这样的劝告："战略属于军事词语，或许也能用在搞政治运动上，但跟商业不怎么搭界。"

　　当然现在"企业战略"已经成了一个"热词"。然而回想起来，我很庆幸我们改了书名。确实，**"为成果而管理"**可能没那么"魅惑"，但它更能讲清楚本书想要传递的内容。最重要的是，它表达了本书的前提假设——企业存在的目的是在外部，也就是在市场上和经济体中产出成果，企业内部只有成本。实际上，人们常说的那些"利润核心"（profit centers）照理应该叫"成本核心"（cost centers⊖）。因此，本书最先分析的就是书中说的"企

　　⊖　本书中出现的 cost centers 一词与现今企业管理中所说的成本中心不是一个概念，在本书中 cost centers 是指一些关键成本要素聚集处，而不是为了划分各生产部门成本计算和成本控制的职责范围而设立的若干个成本中心。profit centers 同理。——译者注

业的现实状况"：外部环境的基本要素和常见特点，企业管理者必须把它们看作"既定现实"、限定因素以及挑战。随后讨论的是企业如何在这些"现实"面前给自己定位，从而将这些"现实"转化为创造绩效和成果的机会。

我认为，这正说明了为什么本书出版20多年后，仍远比那些只讲"战略"的书更全面。那些书里提到的每件事几乎都能从本书中找到源头，比如，市场和产品分析（本书第一次给产品划分类别，如"今天的生计来源"），有序地放弃旧的东西、过时的东西和不再产生效益的东西，领先地位带来的回报，创新的目的。不过，本书有一点仍是独一无二的：它告诉我们如何分析环境，以及如何在这种环境中确定企业的位置。这是第一本而且仍算是唯一一本力求在管理今天的企业与创造明天的企业之间保持平衡的书。本书的结论是：企业既是靠经济成果衡量的经济机构，也是人的组织，这两者是相互关联的。最后一章讨论了如何在组织中植入绩效规划。由此，本书成了首部意欲向企业管理者系统地阐述商业组织的经济任务的著作。

最重要的是，正如本书序言所述，本书朝着创立企业经济绩效的**学科**迈出了第一步。我们从来没有像今天这样需要这门学科，就在当下，企业生存和运营所依赖的经济、社会、技术和政治环境正在以前所未有的速度变化着，因此每一家企业都需要对照本书提出和回答的一系列问题反躬自问：**当下**企业的现实是什么？它的成果区在何处？我们现在做得怎样？我们企业经营的是什么？它应该经营什么？

彼得·德鲁克

1985年感恩节于加利福尼亚州，克莱蒙特

ACKNOWLEDGEMENTS ► 致　　谢

我的妻子多丽丝和我的朋友赫米内·波佩尔（Hermine Popper）对本书贡献良多，她们帮我编辑了这本书，二人分几次数遍阅读我的手稿，斟酌含义、顺序、风格、措辞和结构。如果说这本书读起来还算概念晓畅、条理清晰，那得极大地归功于她们对每一个不当观点的敏锐感知以及对每一处错误用词一丝不苟的勘校。念及她们二位将自己的紧要工作搁置一旁来阅读和编辑本书，我更是感激不已。

彼得·德鲁克

1964 年元旦于新泽西州，蒙特克莱尔

PREFACE ► 序言：任务

这是一本关于"做什么"的书。它探讨的是所有企业为创造经济绩效和经济成果而必须承担的经济任务。本书梳理了这些任务，这样管理者就能在理解的基础上系统地、有的放矢地去执行任务，从而才可能圆满地完成任务。本书试着提出一种观点、一些概念和方法，以帮助企业看清它们到底应该做什么以及怎么去做这些事。

本书凝聚了我多年来担任各类大大小小企业咨询顾问的实践经验。书中所有论述都经过了检验，而且目前正有效地运用于现实中的企业。你几乎在每一页都可以看到我列举和引用的具体实例，这些实例大多来自美国（这是因为我的经验大都是从这里获得的），当然也不乏欧洲、日本和拉丁美洲的实例。[⊖]

虽然本书更注重实践而非理论，但它还是有一个命题——坚称经济绩效是企业单位（business enterprise）的特殊职能和特有贡献，而且是其存

⊖ 本书提到名字的公司，其案例都源于已出版的资料，其中主要是公司的报表。若没提及具体公司名字，这些案例则源自我本人的实践或观察，为谨慎起见，我在书中未透露其具体的业务、规模、地点及产品。

在的理由。只有做事才能取得经济绩效和成果。而为了创造成果，人们在思考和完成事情时必须有方向、有方法、有目的。然而，直至今天，尚未有一门经济绩效的学科，我们的知识也尚未被梳理过，未见系统化的分析，也未见有的放矢的方法，甚至连这些任务的整理和分类都还没人来做。可以说，我们还未打好基础来系统地、有目标地执行企业单位的特殊任务和职能。

成功的企业和有效的管理者有很多，业绩平平的企业和管理者亦复如是。有人求助于分析，想弄清成功的企业和管理者究竟干了什么才取得成果，却无功而返。我们连一则对企业所面临的经济任务的描述都未曾见到，遑论如何去完成它们。每天早上各位管理者的桌上都堆满了问题，都在呼唤他的关注，却少有人告诉他哪些是要事，哪些只是干扰他的聒噪。

本书无意标榜自己的创见和渊深。不过据我所知，这是第一次有人尝试系统化地阐述企业管理者所承担的经济任务，这也是我们为创立一门学科来研究企业单位的经济绩效而艰难迈出的第一步。

本书分为三个部分。第一部分篇幅最长，重点强调分析和理解。第 1 章论述"企业的现实状况"，即任何企业在任何给定时期最可能面临的情况。接下来的 3 章（第 2～4 章）逐步展开对整个企业各成果区的分析，既有这些成果区与企业资源和投入之间的联系，也有成果区与机会和期望之间的联系。第 5 章以类似的方式分析了成本流（cost stream）和成本结构（cost structure），有企业自身的，也有其参与的经济流程的。

第 6 章和第 7 章写的是如何从"外部"来看懂一家企业，因为成果和资源都存在于外部。这两章提出的问题是"什么才能给我们带来回报"和"我们靠什么维持生存"。在第 8 章中，所有分析都围绕着企业现状展开，目的是了解企业的基本经济特质、绩效实力、机会和需求。

第二部分聚焦于机会并提供决策指导。这一部分讨论企业在各个主要经济维度的机会和需求：第 9 章探讨的是如何让现有企业变得有效，第 10 章探讨的是如何挖掘并发挥出企业潜能，第 11 章探讨的则是如何在今天去打造企业的未来。

第三部分篇幅最短，写的是如何将洞察和决策转化为目标明确的绩效。这要求企业在某些方面做出关键决策——企业的经营构想和目标是什么？必须有哪些卓越之处？应该专注于哪些优先事项？这些都是第 12 章探讨的问题。为此企业必须做出一些战略选择：要抓住哪些机会？承担哪些风险？如何专业化又如何多元化？是自创业务还是兼并收购？哪种组织形式最适合企业的经济现况和机会？这些问题在第 13 章都有讨论。最后，第 14 章提出，要把开创性绩效决策植入组织的管理结构，包括工作、经营实践、组织精神以及组织人事决策。

"结语"部分将本书主题延伸到管理者个人及其义务上，特别是最高管理层的义务。

不管是谁，若第一个尝试把坊间杂谈整理成知识，把猜谜游戏变成一门学科，都有可能遭到误解，人们会认为这是在贬低个人能力并以规则手册取而代之。这种尝试当然是无稽之谈。永远不会有哪本书能将一头驴变成一个智者，或将一个无能之辈变为天才。然而，因为有了一门学科打下的基础，即便是当今的普通医生，其医术也胜过 100 年前最高明的医生，更不用说今天的优秀医生了，他们做的事是昔日"神医"做梦都不曾梦到的。任何学科都无法让人的手臂变长，但可以让人站在前人的肩膀上，帮他触及更高远之处。一门学科中的系统化知识会使能力平平的人受益良多，令他做起事来更加有效；而对于真正能干的人，将使他如虎添翼，令他更加卓尔不群。

总之，管理者是身负经济任务的。多数人都很辛劳，常常未免过于辛劳。本书不想给他们再添额外的工作。相反，本书旨在帮他们在工作中少花一些力气和时间去争取更好的成果。本书不告诉他们如何正确地去做事，而是旨在帮他们找到正确的事去做。

CONTENTS ▶ 目　录

1

第 1 部分

看懂企业

MANAGING FOR RESULTS

企业的现实状况

人人都在抱怨企业的管理者们（executives）[⊖]没有花足够的时间和心思去想未来的事。管理者本人谈及自己的日常工作，并且跟同事口头或书面交流时都会提及这个话题；在谈论管理的文章和著述中，这个话题也一再被提及。

这种抱怨合情合理。管理者的确应该多花些时间思考企业的未来，此外还有很多其他事也值得他们多花些时间和心思，比如对社会和所在社区应承担的责任。如果忽略了这些，他们本人和企业都将付出高昂的代价。可是，光抱怨管理层不怎么花时间思考未来是徒劳无益的。对未来的漠然只是一个表象，管理者之所以不顾及明天，是因为他无法从今天的事务中脱身。不过这依然只是一个表象，真正的病根是他们毫无知识基础和体系来完成企业中的经济任务。

今天的工作把管理者的时间都占满了，可结果乏善可陈。经理人员

⊖ 在本书语境下，executive 更恰当的译法应为"承担企业经营决策责任的管理者"，但为了与德鲁克的其他译著统一，不引起读者困惑，本书一律译为"管理者"。——译者注

（managers）[⊖]对自己整天四处应急少有成就感，他们觉得自己像是奔命的老鼠，陷在无休无止又无谓的竞争中。公司内部邮差往他们的文件筐里扔进什么指令，他们就得去做什么。明知这些应急方案左支右绌，解决的都是燃眉之急，带不来应有的长远成果，他们还是不得不处理完这桩事又赶去处理下一桩。更令人烦闷的是，他们知道不论处理多少问题，同样的问题仍层出不穷。

企业管理者必须先在短时间内一鼓作气、大刀阔斧地解决今天的难题，然后才能有精力谋划未来。为此，他需要一套系统化方法来应对今天的工作。

一项经济任务包含三个不同的维度（dimensions）：一、必须提高现有业务的运营成效；二、必须辨识出企业的潜能并使之发挥作用；三、必须对企业加以更新以创造一个全新的未来。每一维度的任务要求的路径不同，每一维度的任务提出的问题不同，则每一维度的任务得出的结论也不同。然而，它们却是不可分割的，必须同时下手，而时间就在今天。所有三个维度应该由同一个班子来推行，利用同一套人力、知识和财力资源，并被纳入同一创业型流程（entrepreneurial process）。未来不是产生于明天，而是产生于今天，未来多是由与今天的任务有关的决策和行动创造的。反之，我们为未来所做的一切也会直接影响到现在。这三个维度的任务重叠在一起，需要一套整合战略来指引，否则根本无法完成。

且不说这三个维度的工作要并行来做，哪怕只做其中一个，我们也必须先搞清企业这一经济系统的现实状况，搞清它取得经济绩效的实力，以

⊖ 在本书语境下，manager 与 executive 的含义有所不同，前者更多承担的是执行层面的管理职责，为与 executive 区分，本书主要译为"经理"或"经理人员"。——译者注

及现有资源与预期成果之间的关联。否则，我们还是摆脱不了奔命老鼠的命运。这种理解从不会唾手可得，每家企业都必须亲自去摸清自己的现实状况。不过，它们背后的假设（assumptions）和期望（expectations）大体相同，企业各色各样，在经营上却有许多共通之处，无论规模和架构，无论产品、技术和市场，无论文化和管理能力如何，都须面对经营现实。

实际上，有两套普适性原则在大多情况下对大多企业都适用：一套与企业的成果和资源有关，一套与企业投入的工夫有关。二者合起来，便能就创业型工作（entrepreneurial job）的本质和方向，推导出若干条结论。

大多数经营企业的人听到这些假设都觉得很有道理，甚至可能耳熟能详，但是鲜见哪位将它们融会贯通；即使各条假设无比符合他们的经验和知识，也难见他们有人从中归纳出行动总结；因而也鲜见管理者会依据这些假设（他们自己的假设和期望）采取行动。

1. 成果和资源二者都不在企业内部，而是在企业外部。企业内部没有利润核心，只有成本核心。我们唯一可以肯定的是，任何经营活动——不管是工程还是销售，制造还是会计——都需要企业投入工夫，而这将产生成本，至于它们是否对成果有所贡献，尚要拭目以待。

成果不依赖企业内的任何人，也不依赖企业所能掌控的任何事，成果取决于企业外部的人——市场经济中的顾客，以及计划经济中的政治当局。通常情况下，都是外部人决定着企业的付出是会转化为经济成果，还是徒劳无功。

同样的道理也适用于每家企业的独特资源——知识（knowledge）。至于其他资源，如资金或实体设备之类，各家企业是没有什么差异的。能令企业与众不同的是它运用各类知识的能力——从科学和技术知识，到社会、经济和管理知识，这些能力才是它的特殊资源。也只有在知识这一层面，企业才会显示出自己的独特性，也才会生产出有市场价值的东西。

然而，知识不是某一家企业的资源，而是通用的社会资源，它不可能长时间秘而不宣。"一人做之，他人效之"，这句老话可谓意味深长。因此，企业的这一决定性资源与企业经营成果一样也取决于企业外部。

如此说来，企业经营可以被定义为将外部资源（即知识）转化为外部成果（即经济价值）的过程。

2. 获取经济成果靠的是不断发掘机会，而不是一直解决问题。我们在解决问题时，唯一能指望的是恢复企业惯常的经营模式，至多也不过是帮企业突破瓶颈，扩大产能，取得成果。殊不知成果本身必然来自对各种机会的发掘利用。

3. 为了创造成果，资源必须分配给机会，而非问题。无须赘言，我们不可能对所有现存的问题不以为意，但我们能够把它们的数量降到最少，而且这是我们该做的。

经济学家大谈特谈企业经营中的利润最大化，无数批评家已指出这一概念过于含混，毫无意义。相比之下，"机会最大化"却不失为一个有意义的概念，它应该是对创业型工作的准确定义。它提示我们，对企业至关重要的是成效（effectiveness），而不是效率（efficiency）。也就是说，与之相关的问题不是如何将事情做对，而是如何找到对的事情去做，并汇聚资源，集中力量做好它们。

4. 企业只有保持领先，才可能获取经济成果，光靠能力是不够的。利润是企业在某个有意义的领域做出独一无二（至少是有别他人）的贡献所获得的回报。而什么才算"有意义"则由市场和顾客说了算。只有企业提供的某种东西被市场接受，顾客认为它有价值，而且愿意为之付钱，企业才能获得利润。而价值向来意味着领先地位带来的差异化。当然，那种天生的垄断企业是一个例外（例如通过政治手段强加的政府垄断）。

这并不是说某家企业非要是行业巨头，也不是说它非要在自己涉足的每个产品系列、每个市场或每个技术领域都位列第一。做大并不等于领先。在许多行业，规模最大的公司绝不是最赚钱的，因为它不得不维持一些产品系列、市场供应和通用技术，而在这些方面它无法做到与众不同，更别提独一无二了。相比之下，那些位列第二，甚至第三的企业通常更占优势，因为它们更聚焦于自己真正领先的某个细分市场、某个阶层的顾客，或者某种技术应用。许多公司自以为能在（或者该在）所处市场和行业处处拔尖儿，殊不知这种想法正是达到目标的主要障碍。

但是，企业若想取得经济成果，必须有**某种东西**是领先的，它要能为某类顾客和市场带来真正的价值。它可能存在于企业产品系列中某个狭窄但十分关键的方面；可能存在于企业的某项服务中；可能存在于企业的某个分销环节中；也可能存在于企业的某项能力中，能够快速且低成本地将创意转化为适销对路的产品。

若非处于这样的领先地位，企业也好，产品也好，服务也好，都将被边缘化。它们可能貌似领导者，可能占据相当大的市场份额，也可能背后动力强劲、历史悠久，但终归是强弩之末，它连长期生存下去都难，更不用说创造利润了。它能苟且偷生，全赖其他企业无所作为。早早晚晚，一旦繁盛生长的条件衰颓，它就会被挤出市场。

保持领先这一要求会深刻影响企业的战略。比如，当竞争对手推出新产品或改良型产品时，企业的惯常做法都是奋起直追，而这是最值得商榷的，因为照此做法，企业所能期待的只是距离被抛弃的边缘稍微远一点点。这一要求还对"防御性研发"质疑，因为这会把有限且昂贵的知识资源投入常常无效的任务，最终不过是让某个已经过时的产品再苟活些时日罢了。

5. 任何领先地位都是暂时的，而且很可能只是昙花一现。 没有哪家企业能永久稳居领先宝座，孕育成果的市场以及作为资源的知识，二者都是普遍可及的。一切领先地位都只是暂时的优势。[一]在企业中，就像在物理系统里一样，能量总是呈扩散趋势。企业往往从领先滑向平庸，而平庸离被边缘化也就一步之遥。成果也从最初所赚的一份利润，到最后沦为所挣的一份与其资质相称的收入，这就算谢天谢地了。

由此，管理者的职责就是转变这种下滑的惯性。他的职责是将经营的焦点放在机会上，并远离问题，重树领先地位，阻止企业随惯性滑向平庸，用新能量和新方向战胜怠惰及其势头。

第二组假设关乎**企业内部投入的工夫及成本**。

6. 现存的一切都在老去。 我们说大多数管理者将大部分时间花在解决今天的问题上，这是委婉的说法。事实上，他们耗费大量时间应付的都是昨天的问题。管理者不惜时间为的都是让企业恢复到从前的样子，而不是另觅他径。

这种情况在所难免。今天的一切必然脱胎于昨天。企业本身（包括现

　㊀　这个观点没有新意，只是对熊彼特（Schumpeter）著名理论的重述，即利润只来自创新者的优势，并随着这一创新成了司空见惯之事而消失。

有资源、它投入的工夫以及投入工夫的地方、它的组织、它的产品、市场和顾客）必然体现出过往的决策和行动。企业中的人绝大多数是在昨天的企业中成长起来的，他们的态度、期望和价值观在更早时期就形成了，而且他们乐于将以往的经验教训带到现在。事实上，每家企业都认为过去发生的一切是正常的，对于任何不落窠臼的事情，它们都认为是反常的，都有强烈的排斥倾向。

那些初期制定的决策和付诸的行动，无论多么睿智，多么富有前瞻性，多么有胆识，都会逐渐成为企业的常规行为和日常事务。无论这些态度在形成之时多么合时宜，只要随着时间的流逝，持这种态度的人升迁到更高的职位，成为政策制定者，当初孕育这些态度的世界就不复存在了。世事难料，未来总归与今天不同。这就如同将军们总是倾向于像打上一仗那样为下一仗备战，而企业管理者们也总想着用应付上一次繁荣或萧条同样的方式做出反应。所以，现有的一切一直在慢慢变老，这个过程从人们做出决策或付诸行动那一刻就开始了。

想要恢复到常态总归是徒劳的。"常态"只是昨天的现实。管理者的任务不应是将昨日之规强行套用到焕然一新的今天，而应是去改变企业，改变它的行为、态度和期望，并且改变它的产品、市场和分销渠道，使之适应新的现实。

7. 现存的一切很可能配置不当。 商业单位不是一种自然现象，而是一种社会现象。在社会环境中发生的事件不会按照自然界事件的正态分布[⊖]

㊀ 正态分布（normal distribution），也称"常态分布"，又名高斯分布（Gaussian distribution），最早由亚伯拉罕·棣莫弗（Abraham de Moivre）在求二项分布的渐近公式中得到。高斯在研究测量误差时从另一个角度导出了它。正态曲线两头低，中间高，左右对称因其曲线呈钟形，因此人们又经常称之为钟形曲线。——译者注

来发生，即前者的分布不符合钟形高斯曲线。在社会环境中，少数的活动（最初的 10%，最多也不超过 20%）会带来 90% 的成果；而其余的绝大多数活动只带来剩下的 10% 左右的成果。在市场上也是如此，客户虽成千上万，可大部分订单都来自屈指可数的几个大买家；在成百上千款产品中，主要销售量也只来自少数几款；推销活动也一样，在数百名销售人员中，少数几个人斩获了 2/3 的新业务。这种现象在工厂中也如出一辙，为数不多的几个生产批次生产出大多数的产品；科研也概莫能外，实验室里所有的重要创新几乎总是被同一拨人包了。

人事方面的问题几乎也都是如此，最多的牢骚话总出自某几个场景或某一类人（如上了年纪的未婚女士或上夜班的男保洁员）；大多数的旷工和离职事件，在建言献策制度下提建议的情况，以及事故的发生也是类似情形。对纽约电话公司的调研显示，连请病假的情况都一模一样。

这段有关正态分布的简述，含义十分深远。

第一个含义是，90% 的成果是由最初发生的 10% 的活动产生的，而其余 90% 的活动产生了 90% 的成本，却未能带来成果。换句话说，成果和成本成了逆向关系。一般来说，经济成果和销售额大体上成直接正比关系，而成本与事务（transaction）的数量成直接正比关系。（唯一的例外是从外部采购的直接进入成品的物料和零部件。）

第二个含义是，企业的资源和工夫常常会自行投入到 90% 根本不产生任何成果的事情上。资源和工夫在自行配置时依据的是事情的数量而不是成果。事实上，最昂贵也最具生产潜力的资源（即训练有素的人）在自己的工作安排上做得最糟糕，这是因为他们原本要处理的事务已堆积如山，可常常还是给自己加压，为了争脸面去啃那些硬骨头，也不管这些事能否创造成果。所有研究都证实了这个现象，我来举几个例子。

某大型工程公司以其技术服务团队的高品质和声誉为傲，团队里有数百位身价不菲的技术人才，水平堪称一流。但是，对团队工作分配情况的分析清楚地显示：这些技术人才虽然工作勤勉，但贡献甚微。他们大多都在忙活"有意思的"问题，特别是一些小微客户的问题，而这些问题即便解决了，也不会带来多少生意。这家公司的主要客户来自汽车行业，其采购量几乎占了该公司全部业务的1/3。然而，若你问起来，几乎没有哪个技术服务人员能记起来他去哪家汽车厂的工程部或生产车间实地拜访过，他们的回答是："通用汽车（General Motors）和福特（Ford）用不着我，人家自己有人。"

同样，在许多公司，销售人员的工作分配也不合理。最大、最得力的销售团队总在卖那些卖不动的产品，这些产品要么是过时货，要么是在竞争中不敌对手却因管理层不甘心想拼力再做最后一搏的产品。如此，明天的重要产品便难以争取到急需的销售支持；那些引爆当前市场的产品，本应举全力加以推广，却往往遭到慢待，人们一说起来就是："反正它卖得好，不用额外费工夫。"

很多公司在研发部门、设计人员、市场开发活动，甚至广告宣传的工作分配上也遵循同样的思路，它们参照的是事务多少，而不是成果大小；是难易程度，而不是效益高低；是昨天的难题，而不是今天和明天的机会。

第三个重要含义是，收入得来的钱与成本花掉的钱很少属于同一个资金流。大多数做企业的人脑海里想象着收入流（revenue stream）会回流进成本流，然后反过来，成本流也会回流进收入流，而且大多会计报表也以此假设为前提。殊不知这并不是一个闭环。收入肯定会带来成本所需的资金，但是，成本往往会自行分配，渐渐流向那些颗粒无收的活动，或者流向那些徒劳无功的忙碌中，除非管理层坚持不懈地引导企业将工夫花在那些创造收入的活动中。

由此我们看到，无论是涉及投入的工夫和成本，还是涉及资源和成果，企业总是会不由自主地分散能量。

正因如此，企业需要持续不断地重新评估和校正方向。最让人想不到而最需要做的事就是——**让当下的经营更有成效**。企业的头等大事是当下就必须有效运转；当下就需要最精锐的分析和倾力投入。然而，令人担忧的是，人们总想在昨天的衣服上打补丁，而不是去设计明天的款式。

光靠缝缝补补是不够的。要想真正理解企业，管理者必须看到它的全貌；他必须将资源和投入的工夫看成一个整体；并且得看到这一切如何分配给产品及服务，如何分配给市场、顾客及最终用途，又如何分配给分销渠道；他得看到哪些工夫花在应对老问题上，哪些工夫花在寻求新机会上；当有多个方向和分配方案摆在面前时，他得能做出权衡。片面的分析会传达错误信息，将企业引入歧途，只有将企业视为一个经济系统，通观全局，才能获得有关企业的真知识。

8. "聚力以赴"（concentration）是创造经济成果的关键。 若想创造经济成果，经理人员必须把工夫聚焦在少数（能少则少）几个销售收入最多的产品、产品系列、服务、顾客、市场、分销渠道和最终用途上。有些产品因销售量太少或订单太过分散而产生了大量成本，经理人员务必最大限度地减少为它们而花费的工夫。

为了创造经济成果，员工的工夫也必须集中投入在少数几项能产生显著经营成果的活动上。

为了有效控制成本，企业的工作和工夫同样也必须集中在少数几个领域。在这些领域，提高成本绩效会对公司整体绩效和经营成果产生显著影响，也就是说，只要在这些领域略微提高一点效率，就能大幅提升经济成效。

最后，人力资源也必须聚焦于几个重大机会上，对高级人力资源来说尤其如此，知识是经由这些人在工作中产生成效的。对管理人才而言更应如此，因为他们是企业一切人力资源中最稀缺、最昂贵但又是最有生产潜力的资源。

在当今一切有效性原则中，企业最常违反的就是"聚力以赴"这一基本原则。当然，这种现象不仅仅存在于各类企业，政府机构也是诸事浅尝辄止，还有今天那些规模庞大的大学（尤以美国的大学为甚）也都竭力做到人人全能，面面俱到，集教学、科研、社区服务和咨询等活动于一身。这种现象在企业，尤其是大型企业中比比皆是。

也就是在数年前，抨击美国工业界"产品定期淘汰制"还是一件很时髦的事，而且长期以来人们也一直热衷于批评以美国为首的工业界，说它强制推行"死板的标准化"。殊不知工业界这些饱受诟病之处，正是它本该做却没能做到的事情。

美国的大公司甘愿而且有能力提供特种产品或服务，以满足多样化需求，它们甚至会去激发这类需求，并且对此深以为荣。

许多企业都夸口说绝不会出于一己之愿而放弃任何一样产品。结果，多数公司的产品系列虽有数千个品种之多，适销对路的却常常不足 20 个。然而，这满打满算 20 个（甚至不到 20 个）品种产生的销售收入却不得不弥补 9999 种滞销品所消耗的成本。

事实上，当今美国在世界上之所以竞争乏力，其根本原因或许就是产品杂乱繁多。薪资水平再高，税收负担再重，只要成本合理，美国绝大多数工业领域的主要产品系列就不乏竞争力。然而，美国却在为众多的特种产品提供补贴，不顾其中没几个能真正收回成本，结果将已经取得的竞争优势散失殆尽。以电子产品为例，日本的便携式晶体管收音机之所以有竞争力，不过是因为日本人只专注于这一产品系列中为数不多的几个款型的开发，而不像美国的制造企业，喜欢毫无节制甚至过度地开发各种鲜有差别的款型。

在员工工作活动安排方面，身处这个国度的我们同样也是漫无节制。我们的座右铭俨然成了"让我们各样都来一点儿"，结果不管是人事研究、高等工程学、顾客分析、国际经济学、运营研究，还是公共关系等，我们都要插上一脚。结果，我们建立了庞大的队伍，却未能铆足劲儿深入到任何一个领域。

同样，当我们竭力控制成本时，力量也是分散的，而非集中于成本所在。常见的降低成本项目，其目标是将每样活动的成本都减少一点，比如都减少 5%～10%。这种在降低成本方面"一刀切"的做法往好里说是不起作用，往坏里说可能会连累那些能产出成果的关键活动，这些活动在起步阶段得到的资金本来就捉襟见肘。相比之下，对于那些纯属白花钱的活动，这种常规的降低成本方式却动不了它们一根毫毛，因为这些活动一开始就有充足的预算。

以上 8 个方面便是企业的现实状况，这些假设基本符合多数企业的多数情况。这些也是我们着手执行创业型任务时所需依据的理念。在此我只是简要地对它们进行了勾勒，在书中还将逐一深入讨论。

需要强调的是，以上这些还只是假设，它们还得经受实际分析的检验，检验后或许我们会发现，某个假设可能在某个特殊阶段并不适用于某个特定的企业。不过，如果管理者需要做些分析以更清楚地理解自己的企业，完全可以拿这些假设来做参照。这 8 个方面也是企业为完成三个维度的创业型任务所做分析的起点，这三个维度的任务就是：让现在的企业有效运转，发现企业的潜能（潜在的生意），打造企业的未来。

不管是小而简的企业，还是大而繁的企业，都需要对这 8 个方面的现实状况有所了解。要理解旨在提高成效的当前任务，还要理解未来长远的工作。任何郑重担负起创业职责的管理者都需要以此为"工具"，这个工具既不能由别人代为制造，也不能由别人代为使用。管理者必须亲身参与这一工具的制造和使用，设计、开发以及使用该工具的能力应该成为企业管理者的基本素质。

成果区

基本的企业分析应从检视当下的企业入手，我们眼前的企业是过往的决策、行动和成果遗留给我们的。我们需要看到硬实的骨架，也就是基本要素构成的经济结构。我们还需要看到资源与成果、付出与成就、收入与成本之间的关系和相互作用。

我们首先亟须识别和了解企业有哪些方面是可用来衡量"成果"的。这些**成果区**（result areas）是大型综合性企业中的某些业务，是产品和产品系列（或服务），是市场（包括顾客和最终用途）以及分销渠道。本章描述的就是这一任务。

接下去的第 3 章将阐述成果区与其**收入贡献**（revenue contributions），以及成果区与其产生的**成本负担份额**（the share of the cost burden）的关系，并逐一分析各成果区的**领先地位**和**前景**，同时考察知识工作者和资金等**关键资源**在各成果区的分配使用情况。再接下去，第 4 章则是对成果区的**初步诊断**。

最后，第 5 章将采用同样的方法对**成本流**加以分析。

　　这种分析与"挖掘事实"有几成相似，但是，即使是第一步——识别成果区，也要求管理者做出商业判断，要求他们就企业的基本经济结构做出决策，因为无论"事实"多么充分和准确，也不可能自行生出这些决策。不仅如此，它还要求管理者甘冒巨大风险，因为这些决策可能（而且势必）令很多人不快，势必打破他们根深蒂固的习惯，势必引发激烈的讨论和异议。

　　这些分歧至关重要。它会激发那些身临企业实境的人去思考，去探究企业及其产品、政策、方向等一系列问题。当然，提出问题的人也许会错误地解读自己感受到的事，但这些感受都是真实且有意义的。兹事体大，因而不应将分歧掩盖或搪塞过去。在讨论影响深远的重大问题时，没有什么比众人鼓掌一致通过决议更危险的了。问题搞错了，做的决策注定也是错的。

　　因此，这一阶段的工作重心应该是发现那些存在分歧和评判意见的区域，而不是追求分析技术的完美。我们需要摆出来的不是"正确的答案"，而是"正确的问题"。

　　　这并不表示在此起步阶段，企业就不需要高度先进的工具和技术，如运营研究或市场分析、高级会计系统或复杂的计算机程序。如果企业复杂到需要用到这些工具和技术，也有丰富的经验支持使用，那就可以用。但是，通常在这种分析中，结果的实用性与工具和技术的复杂性之间，总会呈现反向关系。我们要时刻不忘问自己：哪种方法最简单却能给我们带来合乎需要的结果？最简单的工具有哪些？话说爱因斯坦可是从来没用过比黑板更复杂的东西。

总之，不管哪项分析，其结果越有可能引发激烈讨论或强烈质疑，所用工具和技术就越要简单。否则，人们就会在技术上故作钻研，没完没了地讨论，最后把不受他们待见的结果扼杀掉；要不就把这些结果拨拉到一边，因为大家不相信复杂又神秘的方法，怀疑它们就是烟幕弹，目的无非是掩盖无知，卖弄学识。别说，他们还真怀疑对了。

因此，应该吩咐负责这项分析的人，让他们在得出初步结论之前，就把**没把握**的地方、有歧义的地方、他们内部意见不统一的地方，还有他们与资深管理团队意见不统一的地方禀告高层管理团队。只有高层管理团队才是真正敲定这些事情的人，因为这些决策不是针对"事实"的，而是针对企业本身及其未来行动纲领的。

这种分析只需一小队人马在短期内就能完成。在某中型企业中，一位高层管理人员从主要部门借调来三四名聪明能干的年轻人帮忙，用 6 个月就完成了此项分析。他们唯一用到的数字是会计数据和任何人都能拿到的经济和行业统计数据。至于其他种种信息，特别是对产品系列的前景之类的判断，他则征询了公司高管的意见，并在某些成果区做了一个小规模抽样调查。例如，为了测试某个产品的领先地位，分析小组的一位组员找了约 20 名销售人员和 24 个分销商了解情况，还请外部公司做了一个小型消费者调查。整个小组每 3 周向高层管理团队及所有部门负责人做一次详尽汇报。有五六个问题所花的时间，长于他们原先设定的 6 个月，其中有两个还需在公司外部下些功夫：要研究分销渠道的变化，这需要聘请一家咨询公司来做运营研究，包括大量的大型计算机处理工作；还要研究海外市场，以及海外市场的趋势、购买行为和分销体系。然而，这一切并没阻延主要决策的实施，这些主要决策在分析小组展开工作后的 1 年当中一直是有效的。带领分析小组的那位管理人员后来被擢升为高级副总裁，全权负责公司的业务开创；他手下的队伍始终保持精干，最多也就四五个年轻人，都是从主要部门抽调来的，每过三到五年就轮换一批。

顺便提一句，这家公司现在不再是"中型企业"了，而是发展成了一家相当大的企业。

定义产品

分析成果区，首先得分析产品（或服务），特别是"产品"的定义。与产品定义相关的问题虽然不简单，但每位有经验的管理者总归知道并了解一些。仅凭这一点，产品分析就是启动成果区分析的最佳起点。

几乎每家企业都有一些根本算不上是真正产品的"产品"，它们是某些产品的一部分，比如一个配件或一个促销品。若以产品的标准来评判它们会产生误导，所以企业应该根据它们对真正产品起到的作用来评判，比如有无带动销售额。反之，企业也可能把一些真正产品当成促销品或附件来对待，即"套装产品的一部分"，之所以这样，是因为套装产品的其余部分没人会买。

似是而非的产品带来真正销售额的经典例子，吉列（Gillette）

安全剃须刀刀架中算是一个，这种刀架实际上是大量派送的，这样就为利润丰厚的刀片打开了一个市场。如果吉利公司指望从安全剃须刀刀架中获得高额利润，那么就是不得要领。对这种产品，我们要问的问题不是它自身会带来什么，而是它能否为刀片开创一个市场，进而产生经济成果。

某办公复印设备制造商做的事正好相反。它的"安全剃须刀刀架"是复印设备本身，"刀片"是从机器上生成复印件所需的辅料——油墨、特殊模板、清洁液等。复印设备十分畅销，但分析报告显示，辅料业务却没被带起来，这些业务都被单纯做文具辅料的供应商揽走了，它们的产品更好，而且价格更低。所以，复印设备十分畅销这一事实是无关紧要的，它不能算一个"产品"。就它本该为真正的产品（辅料）打开市场而言，它自己的成功反倒是一种失败。但是，后来证实这种复印设备的确完全可能成为一种非常成功的产品。一旦制造商在推销设备时不再向顾客鼓噪一定要用他家生产的那些质次价高的配套辅料，设备价格即使翻了近一番，销售量仍大幅上涨。顾客常常比制造商更会算经济账，他们算得出这样一台机器在使用期内花在辅料上的钱要比花在设备上的钱多得多。

这些都是企业面临的重要难题，而不是抠不抠字眼儿的语文问题。管理层做出怎样的回答，决定了他们将选择何种行动方针。

某消费品制造企业高层管理团队有三个人，他们对公司产品系列中产品 A 的定义各不相同。这种产品销售量很大，但是极具季节性特点。无论是从最终用途、成分、品牌名和宣传，还是从成本和价格来看，产品 A 都堪称独具优势。但是，大多数此类产品（可能占 4/5）都不能单买，而是要和另一种产品 B（季节性特点不是很强）搭配成套装，价格大约只是单买这两种产品总花费的3/4。不过，广告宣传说套装价是产品 A 的全价加上产品 B 的半价。

那么对管财务的人来说，产品 A 不仅是独立的产品，而且是公司最好的产品。他的账簿显示产品 A 的利润率很高，套装价格压缩空间都是由产品 B 承担的。结果就是他想大力推广产品 A，想靠它多赚钱，把促销费用更多花在产品 A 上，诸如此类。公司的零售商也赞成他这么做。

可对制造经理来说，产品 A 根本就不算"产品"，而是一个额外奖品，是东西卖不动时，用来刺激顾客对产品 B 的需求的。对他来说，季节性产品 A 的主要功效是保证标准产品 B 全年都能保持稳定的产量和较低的成本。（顺带说一句，这是开发产品 A 的初衷。）他希望少生产产品 A，只用它来带动产品 B 的销售量。因此，他想给产品 A 的标价低一点，并尽量多与产品 B 搭配成套销售。而且，他会选择只推广产品 B。

最后，主管市场营销的高管认为这个套装才是唯一的"产品"，而且是一个真正的、非常独特的产品。他想推广的是这个套装。但是因为考虑到套装的利润率相当低，他不禁有些担心。为了捍卫产品 B 的市场地位，他希望让产品 A 和产品 B 承担均等的降价幅度，而他的两位同侪出于各自的原因都表示反对。

　　就连所罗门王也无法判断他们三个谁对谁错。然而，公司总得往前走，要么选择这条路，要么另择一条。只要挡不住多种产品出自同一个生产流程，而且每一种产品都有自己的最终用途和市场，类似的难题就会出现。石油炼制的副产品，即用于制造塑料、杀虫剂、药品和染料的各种原材料全是**一种**产品吗？只要炼油装置开启，这些副产品就不可避免地随之产生。至于炼制的产品是什么以及每样产品生产多少，这主要取决于原油中有什么，而不是炼油厂想要什么。再有，对于玉米经过加工后分离出的淀粉、黏合剂和植物油又怎么来看呢？

　　或者，说得再简单一些，不同尺寸、形状和颜色的一样东西，是把它们全当成**一种**产品卖好呢？还是当成一个产品系列中的多种产品卖好呢？按照市场营销逻辑，通常会得到一个答案；按照制造逻辑，得到的是另一个答案；而按照财务分析逻辑，往往会再得到一个答案。

经营成果的三个维度

　　企业靠卖产品赚钱，这个道理明明白白，我们永远不会记不住。但是，还有一个道理也明明白白，却常常遭到忽视，即产品必须有市场，还必须有分销渠道将产品从生产方带入市场。然而许多做企业的，特别是工业品制造商，就像莫里哀戏剧《贵人迷》里的茹尔丹从没意识到自己张口闭口说的都是散文[○]一样，他们也没意识到自己一直在使用分销渠道，更没意识

─────────

　　○ 在莫里哀的《贵人迷》中，哲学教师对茹尔丹说，我们讲的不是韵文就是散文。茹尔丹大呼：天哪！我原来说了四十多年的散文，自己还一点都不知道，您今天把这个告诉我，我对您真是万分感激。——译者注

到自己压根儿离不开它们。

上述三个方面——产品、市场和分销渠道，每一个都只是成果产出活动的一个维度，即一个成果区。它们每一个都对应一定的收入贡献，同时也对应一定的成本负担份额；每一个都投入了一定的资源；每一个都有自己的前景；每一个都需要确立领先地位。

但是，这三个成果区必须放在一起分析，而且要分析它们之间的相互关系。事实上，绩效不佳最常见的一个原因正是三者间的不平衡。一个产品可能卖得很差，差到生产商都想放弃它了，可它或许还真是个不错的产品，就像生产商刚推出它时设想的那样，只是投错了市场，或者选错了分销渠道。

美国最大的一家包装食品生产商几年前推出了一个美食系列。此前该公司所有其他产品都是通过大型食品零售商特别是超市销售的，而这次公司决定只通过特色食品专卖店销售这个美食系列。但最后这个产品系列无果而终。然而，一些名气略逊的公司稍迟通过超市推出的类似产品系列却取得了不错的业绩。该公司推出美食系列的初衷是为家庭主妇提供便利，哪怕她们对厨艺一窍不通，也能快速做出一桌不同寻常的晚餐。但是对大多数主妇来说，特色食品专卖店并不是随处可见的分销渠道，她们对此少有耳闻，自然更不会在那里买东西了。而对那些热衷于花式厨艺并在特色食品专卖店购物的个别主妇来说，由一家生产大众化主食的制造商加工的包装食品，不管它叫什么，都不对她们的路子。

在美国，大批量发行的杂志眼下遇到的困境主要也源于分销渠道。大众类杂志每周的销售量高达数百万册，却没有使用批量分销方式。这些杂志面向个人征订，然后逐个邮寄。而获取订户及邮寄杂志的成本远远高于可能向订户收取的费用。结果，广告主既要为自己得到的价值买单，又要为读者的价值买单，所以它们不热衷投放广告也就情有可原了。这也解释了为什么昔日几家妇孺皆知的杂志这边刚打破发行纪录，那边就纷纷破产了。

美国的大批量发行的杂志要想生存下去，必须找到新的批量发行渠道，要能把批量订阅和批量运输结合起来，提供邮递到门的服务。目前这一体系尚未形成。然而，电话业的例子可以证明这并不是异想天开，电话的成本主要是某一大型系统的成本，而服务是由个体单元提供的。

市场和分销渠道往往比产品更关键。

正如会计学定义的，产品存在于企业内部，存在于企业的法律界限之内。从经济意义上说，其他两个方面也是企业的一部分。事实上，一个"产品"若非进到一个市场中，有顾客为了某种最终用途想买它，而某个分销渠道又把它摆在了顾客面前，这个产品在经济学意义上根本就不存在。相比之下，市场和分销渠道却是真实存在的，它们的存在不依赖任何一种产品。所以，它们是主要的，产品是次要的。

然而，这两个"外部"成果区却恰恰因为它们在企业外部而更加难以把控。管理层可以下令修改某个产品，却不能下令修改市场或修改分销渠道。当然，市场和分销渠道也可以改变，但改变的范围十分有限。

某知名家电配套产品制造商坚信，只有专业店（特别是家具店）才能在房屋主人购买其产品后提供所需的服务。该公司的产品质量上乘，深受消费者青睐。产品的推广力度也很大，销售这些产品的家具店聘请了训练有素的销售人员，制造商为他们准备了大量的文字材料和陈列品，还提供其他销售支持。然而，产品的销售量却很少，而且一直不见起色。对一个在全国范围内做广告、每隔一个多月就需要被使用一次的配套产品来说，家具店的确是一个错误的渠道。这种产品是大众消费品，必须在有大客流的地方出售，而且应该经由分销商而不是家具店来销售。分销商与家具店不同，它们想要的是成群的购买者，并且会尽力迎合他们的需求。

这家制造商煞费苦心帮家具店吸引大众消费者，与此同时还期待成批顾客来自己的专业店购物，结果却一无所获。最后，它不得不接受一个现实：在今天的美国市场，大众在哪里购物，哪里才能搞大批量分销，这些地方可能是超市、百货公司、购物中心，也可能是折扣店。因此，它不得不重新设计产品，将所需服务加在包装里，也就是放入产品中。然后将其放在大型分销渠道里，吸引成批的顾客来购买。如此改变之后，它才从产品质量、顾客认可和促销活动中获益。

分销渠道还有另一个复杂问题，致使它成为一个难搞却极重要的成果区，即所有的分销渠道无一例外同时也都是"顾客"。分销渠道一边必须"适合"产品，另一边还必须适合市场、顾客和最终用途。但是，产品反过来又必须符合其分销渠道的需要，因为它们是产品独特且至关重要的"顾客"。如果分销渠道与产品或市场不对路，失败在所难免。产品进不到它的市场，就不会有人买，自然不会带来经济成果。不过，如果产品错了，或者如果用错了策略，那么分销渠道这个"顾客"也是不会购买的。

大众消费品的品牌制造商深谙此道。它们起码知道自己有两类截然不同的顾客——家庭主妇和零售商，这两类顾客的期望和想要的东西是不一样的，而且常常相互冲突。可是其他制造商似乎对此了解甚少。

一方面，消费品制造商总把零售商看作分销渠道，而不是看作顾客。顺带一提，这正是家用电器等行业长期被经销商关系困扰的原因。

而另一方面，工业品生产商往往没想到自己的顾客也是自己的分销渠道。例如，它们将造纸业或烘焙坊看作自己的市场——这类工业顾客也会将电机、纸用黏合剂或烘焙用的甜味剂推向它们自己的某个市场或某类顾客，这还不算，最关键的是推向某个最终用途。如果我的公司生产一种只在某个炼钢环节使用的化学品，那么这个化学品的销售额最终取决于钢材的销售。如果钢铁公司从别家企业购买这种产品或使用不同的化学品，我的生意就倒闭了。换句话说，我的生意之所以会倒闭，是因为失去了钢铁行业这个顾客。但是，如果钢铁行业失去了它自己的市场，无论钢铁公司多么青睐我的产品，我也一样会倒闭。不管是哪种倒闭，都是因为我丢掉了自己的分销渠道。

因此，工业品生产商的顾客扮演着双重角色——真正意义的顾客和真正意义的分销渠道。无论扮演哪个角色，它对生产商都至关重要。只要生产商的产品在顾客的加工制造环节中不是隐而不见（如用于布料和服装的合成纤维），那么生产商最好还是关心一下它的工业顾客做了些什么，才让最终消费者接受它的产品。

最后，在现代经济体中——无论是发达国家还是发展中国家——分销渠道都在快速变化，变化速度之快，常常超过技术或顾客期望与价值观的变化。事实上，我还从未见过哪个有关分销渠道的决策能沿用 5 年还不过时的，它们急需注入新的思维并且需要彻底改变。

我们平时对市场和分销渠道的研究实在太少，而它们原本是值得我们投入大量精力的。与对产品面的分析相比，对市场和分销渠道的分析或将带来更多新见解和更多机会（也会带来更多令人不快的意外发现）。然而，无论是将一步步的分析工作往前推进，还是确立分析工作的目的和概念，抑或展现分析工作的诊断力量，重担都必须落在产品分析上，因为这是我们最熟悉也最易上手的成果区。[⊖]

这条规则只有一个重大例外，那就是在大型企业集团内，不管真正的业务存在于哪里，都应该以其作为分析工作的起点。这些业务不只是比产品或产品系列（或一项服务）更大的分析单位，其成果也更接近“真实”——它们的资源也是如此。这不仅因为这些业务通常各自有别并且各自分立，还因为对这样一项业务的投资通常已知在非常狭窄的范围内。相

⊖ 这未必符合百货公司的情况，在分析百货公司时，典型顾客的购买行为可能是一个更好的切入点。以普通百货公司及其产品为分析对象没有太多启示作用。某美国商业银行也是如此，它可能会发现，从客户入手展开分析比从各部门提供的各类服务展开分析更好，因为我们的商业银行说到底就是金融超市。

比之下，如果某家企业拥有众多产品，对某个产品到底投入多少资金，通常连算都算不出来。我们可以为企业中的某个事业部（业务领域）建立责任制，并为其设立目标。这些观点无疑都是倾向分权经营的，若涉及对某家企业的分析，它们的确是有说服力的观点。但是在对整体这样一家企业做过分析后，我们仍需对其主要成果区逐一分析，然后加以综合。这让我们重新回到产品分析这个起点，而我们洞察和理解的高度已然不一样了。

收入、资源与前景

有哪些要素（一些为数不多却不可或缺的事实）可以作为一家企业及其成果区的诊断依据呢？今天每一位管理者都淹没在数字中，而且每一天都有更多的数据汹涌而来。哪些数据传递的信息真的有意义？它们的意义又如何能迅速、有效、可靠地传达出来呢？

本章和接下来章节的主题被称作"企业 X 射线"。这些章节谈及的虽然都是概念，不过我会用一个具体的案例来阐释它们。我们将简明扼要地对一家现有企业做一组真实的分析。我给这家企业起名叫"寰宇产品公司"，它是做制造的，中等规模，生意兴旺。与众多同类企业唯一不同的是，几十年来它在美国和欧洲市场都表现得很活跃，在大西洋两岸都有工厂、销售队伍和经理人员。

我的这项分析其实只呈现一个成果区——产品。但是其中的概念同样可用来分析其他成果区——顾客、市场、最终用途和分销渠道。不管企业提供的是有形产品还是服务，在此都没太大区别。

表 3-1 是对该**企业整个产品系列**的通览，而不是对产品的逐一检视。从所列数据中，我们可以看到单个产品的绩效、成本、资源和前景与企业的总体成果以及总体资源和工夫投入之间的联系。

表 3-1 寰宇产品公司：产品分析示例

（金额单位：百万美元）

公司销售总额	145		
采购的原材料	50		
固定费用	15	税前净利	14.5
可获得的产品收入	80	可分配给产品的成本	65.5

产品	收入 金额	收入 占公司总收入的比例（%）	成本负担份额 金额	成本负担份额 占公司总成本的比例（%）	净收入贡献 金额	净收入贡献 占公司净利的比例（%）	贡献系数①（%）
A	19.0	24.0	18.2	28.0	0.72	5.0	0.26
B	14.0	17.5	16.7	25.5	−2.7	−12.0	亏损
C	14.0	17.5	7.2	11.0	6.8	47.0	3.3
D	11.0	14.0	5.2	7.5	5.8	40.0	3.8
E	7.0	9.0	5.4	8.0	1.6	11.0	1.5
F	4.0	5.0	3.4	5.0	0.6	4.0	1.0
G	4.0	5.0	3.6	5.5	0.45	3.0	0.75
H	3.5	4.5	3.3	5.0	0.2	1.5	0.5
I	2.0	2.5	1.85	2.5	0.15	1.0	0.5
J	低于 1.0	1.0	1.5	2.0	−0.5	−0.5	亏损

①贡献系数等于净收入贡献占公司净利的比例（前一栏）除以收入金额值（第一栏）。

这项分析主要采用的是标准的会计数据，但不包含源于"事务"这一概念的数据（后文会对此概念加以解释）。尽管用过收支平衡点分析法和财务分析法的管理者们见到以这种方式呈现的数据表格会觉得像见到了老熟人[⊖]，但这种表格似乎还是不多见。

我们分析的起点是第 1 章描述的"企业的现实状况"。

- 收入款项和成本款项未必同属一条资金流

- 企业现象符合"社会事件的正态分布"，即 90% 的结果是由最初 10% 的原因造成的，反之亦然

- 因此，销售收入与销售量成正比，销售量的大头及其产生的销售收入是由少数产品（或市场、顾客等）带来的

- 因此，成本与事务处理量成正比，大部分成本是由大量（或占 90%）事务造成的，而它们只带来小部分收入

为什么不使用成本会计法

总体说来，成本与事务处理量直接正相关，这种说法应该不会令人惊讶。例如：

- 获得一份 50 000 美元订单的成本照道理不会超过获得一份 500 美元

⊖ 在大量层出不穷的关于这两种分析技术的文献中，我发现有两本美国出版的著作最具价值。一本是劳滕施特劳赫（Rautenstrauch）和维利尔斯（Villiers）撰写的《工业管理经济学》（*The Economics of Industrial Management*）（第 2 版，纽约，1957 年出版），另一本是乔尔·迪安（Joel Dean）撰写的《管理经济学》（*Managerial Economics*）（纽约，1951 年出版）。这两本书都向经营者阐释了概念，同时也向他们传授了技术。第一本书侧重于讨论收支平衡点，第二本书则侧重于财务分析。许多新出版的书中提到更先进的技术，特别是数学技术。在有些情况下，先进技术是能提供实质性帮助的，比如，用于分析一家石油炼化企业中某一次连续物料流中的产品组合和生产时间问题；在诸如重大航天器开发之类的项目中，则需要更先进的方法用于系统分析。但是，在大多数企业经营活动中，一些简约的、不那么复杂的方法就够了。些许的改进也许会增加经营活动的成果，但不会从根本上改变它们。

订单的成本，当然更不可能是后者的 100 倍

- 设计一个滞销的新产品与设计一个畅销的新产品，企业付出的成本一样高

- 同为文书工作，处理一张小额订单与处理一张大额订单，付出的成本几乎相同，都要做订单录入，都要下达生产通知，排产程，记账和收款，等等

- 执行一个小额订单与执行一个大额订单所付出的成本也差不多，都要生产、包装、存储和运输。唯一不同的是小额订单在实际制造环节所用时间较少，而在现代工业中，这通常只是次要的成本因素。在其他所有环节中，小额订单和大额订单需要的时间和操作手续都是一样的

不过，许多经营者还是会问：我们的分析为何不以成本会计（cost accounting）为基础呢？难道它不能准确告诉我们成本到底是多少吗？答案是：用成本会计法来推算某个特定产品在企业总成本中的占比是对成本会计法的滥用。

　　成本会计法必须为花出去的每一分钱找到去处。因为成本会计师不可能记录哪些成本是在生产哪种产品时直接产生的，所以他得对成本进行分配。他只能假设所有的非直接成本要么与直接成本成正比，要么与产品的销售价格成正比，然后据此分配。如果这个分配额度只占总成本的一小部分（比如 10% 或 20%）也无可非议，50 年前的生产状况就是如此。然而今天，所有成本中的绝大部分都不是直接成本，也就是说，它们不是在生产某一单位

产品时才会产生的。只有从外部采购的原材料和辅料还算是真正的直接成本。哪怕所谓的"直接人工成本"（direct labor），今天也不会随着单位产量的波动而波动。一个工厂生产的产品不管怎么搭配组合，这一成本几乎都不会变化；就算总产量再怎么变动，大部分直接人工成本仍保持不变。在大多数制造业和所有服务行业中，劳动力成本都是按时间来支付的，而不是按某产品的产量或有多少单位产品来支付的。在现代企业中，除了原材料成本，能称得上真正直接成本的在所有成本中的占比总共不到1/4，也就是说，它们确实是由特定数量的特定产品或流程决定的，而且随之发生变化。

　　就成本会计师想要达到的目的而言，这可能无关紧要。按照某种产品的销售量或价格以固定比例来分摊成本，也许并不会使构成某产品的总单位成本的不同成本要素（cost elements）之间的关系失真（如产品的制造成本与精加工成本之间的关系）。换句话说，成本数据仍会如实地显示出成本关系在哪些地方出现了偏差。但是，就了解"企业生产某一种产品所消耗的成本"这一目的而言，这种分摊了大量成本后得出的数字是没有意义的。这些数字使成本会计师对他们本应记录的内容（即成本负担是如何分布的）先行做出了判断。而且，他们还做出了一个最不可能成立的假设——各项成本的分布是按照"标准的"高斯钟形正态曲线分布的，即成本与成果成正比。

当然也有例外，比如那种基本上只生产一种产品的企业。

　　通用汽车生产的产品大多属于一个产品家族，这个家族就是汽车。该公司 40 年来一直沿用一个成本概念，这一概念假定每辆汽车承担的成本相当于工厂产能达到 80% 时的总成本除以在产能达到 80% 时生产的汽车数量。这也是大而化之，而且只是约略估计。虽然它表达的成本定义与我们的概念很相似，但比我们的更笼统。

　　还有一些地方有着庞大且各自分立的成本核心，如船运公司船队中的货轮或航空公司的喷气式飞机，它们的实际成本都是可以测算出来并且可以用于分析的。但如果不是这样的成本核心，实际成本通常是不能被提取出来的，只好对它们的成本性态（cost behavior）做出一些假设。

　　有些工作并不集中于某个可辨识的生产单元，也不由这个单元来承担，在这种情况下，根据事务处理量来分配这种工作的成本是对其成本性态唯一比较接近的估算。在今天企业的所有成本中，大部分都属于这一类。

　　对于一个具体产品而言，可清晰识别的单一主要成本类别通常与收入贡献和成本负担份额都无关系，这就是原材料和零件的采购成本。我们以生产烤面包机、咖啡机和熨斗的某小家电公司为例简要说明这一点：

　　在该制造商为产品 A 的定价中，原材料和零件的采购成本占 60%，在产品 B 的价格中这项成本则占 30%。两种产品的销售量相同，利润率都达到了制造商为其定价的 10%。因此，人们认为这两种产品的市场表现不相上下。但实际上，制造商在产品 A 上每取得 1 美元的利润，自己要付出相当于 3 美元的资源和工作量；

而在产品 B 上每赚取 1 美元的利润，自己则要付出 6 美元的资源和工作量。如果市场需要这两种产品在价格不变的情况下增加产量，而制造商的资源只够扩大一种产品的产量，那么：

- 制造商把资源投到产品 A 将比投到产品 B 多获得 1 倍的产量。多生产 1 个单位的产品 A 只需要投入 30 美元，而多生产一个单位的产品 B 需要投入 60 美元

- 因此，制造商增加产品 A 的产量将比增加产品 B 的产量多获得 1 倍的利润

因此，在考虑收入贡献和成本负担份额时，企业应该使用"附加价值"计算法[⊖]，其中原材料和零件的采购成本已从销售总额和成本总额中扣除。

传统的利润率也只是利润流（profit stream）的因素之一，利润流等于利润率乘以成交量。两种产品的售价都是 10 美元，使用的原材料相同，利润率也一样，即每单位产品可赚 1.50 美元。但是，如果在同期内，一种产品生产并卖掉了 5 个单位，而另一种产品才卖掉 1 个单位，前一种产品的利润额就是后一种的 5 倍。这是很基本的道理，可是经营者往往会忘记，除非他们所用数据的计算方式中这两个因素都包括在内（如杜邦公司对外公布的投

⊖ "制造环节附加价值"是常用术语。但无论是在制造还是在分销环节中，"附加成本"的叫法都比这个叫法要好得多。首先，只有顾客才能增加价值。所有制造商和分销商能做的只是增加成本。其次，企业想知道的是，这个附加成本中的哪些部分会转变为价值，有多少是损耗和浪费。但是"附加价值"一词已然约定俗成，改变它会显得有些吹毛求疵。

资回报数据）。因此，分析中使用的所有概念和数据都是利润流的
数据，其中包括利润率和成交量两个因素。

那些不随任何指定工作量和生产活动变化而变化的**独立**成本，也应在
基本成本计算中扣除。这些是**真正的**固定成本——租金和不动产税、保险、
维修费，尤其是固定资产投资的成本，无论销售量或利润有多少，这笔钱
都已经投进去了，它们通常也被会计师和经济学家称为"沉没成本"[⊖]。当
固定成本高企，它们就需要做一个单独的成本分摊处理。后面我们将用具
体例子来分析轮船货运业务的成本负担问题。

我们因此总结出以下定义：

- **净销售额**（net sales）就是公司销售额减去原材料采购成本
- **公司总收入**（total company revenues）是净销售额减去固定成本
  （有些人称之为"可支配收入"）
- 某产品的**收入**（revenue）是其在公司总收入中所占额度，百分比
  例相当于该产品销售额（扣除直接和专门用于该产品的原材料和辅
  料采购成本）在公司净销售额中所占的百分比
- 某产品的成本负担份额是其在公司总成本（减去原材料采购成本和
  固定成本）中所占额度，百分比例相当于该产品引发的事务处理量
  在企业类似事务总量中所占的百分比
- **净收入贡献**（net revenue contribution）自然就是产品收入与其成

⊖ 只要"利润"达到资本市场所要求的最低投资回报，无论这笔钱是不是"沉没成本"，
在此都无须关注，哪怕在企业经济学中它是一个重要问题。反正，如后面的专栏所示，
我们将它从那些数字当中剥离出来了。

本负担份额之间的差额[⊖]

- **贡献系数**（contribution coefficient），即某种产品随销售量增减而创造收入的能力，是该产品每100万美元销售额的净收入贡献。当然，它可以表达为该产品每100万美元销售额带来的收入在公司总收入中所占的百分比；也可以表达为要增加一定比例或一定金额的总收入所需额外增加的销售额。[⊖]如果一种产品的销售量被另一种产品的销售量替代，贡献系数可用来衡量这种替代策略的预期成果。换言之，贡献系数假定总销售量是保持不变的。即使有了这个条件，它也只是一个粗略的近似值。但这已足以作为一个指引，帮助我们预估如果尝试增加任一种产品的销售，将会对总体结果产生多大影响

那么，什么是一桩事务

我在前文用的某些术语可能让人感到些许陌生，但其表达的概念想必大家都很熟悉。

不过，这里有一个例外。有一个新概念，它几乎不需要来自会计系统的数据。这个新概念就是：**事务**[⊜]。

⊖ 只有当固定成本在总成本中占比相对较低（大约低于20%）时，净收入贡献才接近某产品的盈亏水平。

⊖ 任何采用多产品收支平衡点分析（见前述劳滕施特劳赫和维利尔斯撰写的著作）等方法的公司当然会采用这里的计算方法来计算贡献系数，但这并不是一个普遍采用的方法。经营者应该理解这个方法，即使它的复杂性让他们感到有些不好运用。

⊜ 在许多情况下，为了易懂，也可将之理解为做事的多道手续。——译者注

什么是一桩事务？最重要的是，企业内的事务林林总总，我们如何判定哪一桩是代表实际成本结构的事务？

这个问题没有现成答案。答案取决于企业的特质，而非会计实践或经济法则。

在许多企业中，开具的发货单据数量是最简单和最易得的事务计量单位。如果成本很高的文书工作都是围绕每张发货单展开的，那么单张发货单就可以作为一个相当可靠的参考指标，用来衡量某个产品的实际成本份额。而有时，发货批次则是一个更方便的事务计量单位，特别是当一张发货单上列有许多不同的产品时，更是如此。

在百货公司，长期以来单个顾客的购买额一直被当作衡量成本结构的理想指标。单个顾客买得越多，零售业务的效益就越高。进店买走一定数量的某种商品的顾客数目可能是比任何其他指标都可靠的事务计量单位。

在一家制造科研用计算机的中型公司中，事务计量单位则是为获取一份订单所要提供的方案数目。因为提案牵涉大量的技术和文书工作，所以它成了真正的成本核心，也成了吞噬公司最稀缺和最昂贵资源（最优秀的技术人才）的无底洞。

在一家铝材轧制厂中，人们发现热轧环节的生产活动的数量才是恰当的事务计量单位。然而，在同一家公司的挤压厂（制造车用散热器格栅或冰箱门把手等产品），恰当的事务计量单位则是熟练的制模工为每一种特定形状调线换模所耗费的工时数。

对于一家商业航空公司而言，最有意义的成本单位是某一特定航线或特定航班未售出的可用座位里程，即"闲置成本"。但对于经由多家独立的零售商销售商品的消费品企业来说，正确的事务计量单位可能是某个产品每实现100万美元销售额企业所拜访的经销商数量；甚或是达到这个销售量所需的经销商数量。企业对任一在册经销商的服务成本几乎是相同的，而且会越来越高。如果问它们之间有何不同，那就是规模较大的经销商更受青睐，因为通常它们不但信用风险更低，付款周期更短，需要的登门拜访和服务的次数也更少。

对于资金投入量较大的流程工业，如造纸业或石油化工产业，最有意义的成本计算单位可能是时间，即不同产品实现相同销售价值（当然要扣除原材料采购成本）所耗费的生产时间。在这类行业中，成本往往是所耗费时间小时数的函数。

确定某一企业适合哪种事务计量单位，这是企业分析的一部分。这么做本身就朝着理解企业及其经济状况迈出了一大步。这也是一个真正的经营决策，影响重大且风险很高。分析师或技术人员可能会指出可选项及其可能带来的后果，但做出最终决策是管理团队的责任。

让我们举一个运算的实例来说明这些概念是如何使用的。这个例子提到了三种不同的产品——某制罐厂生产的 X、Y、Z 三种不同类型的金属容器。

公司总销售额是 1.5 亿美元。原材料采购成本为 5000 万美元，算下来净销售额就是 1 亿美元。每年的固定成本总额 3000 万美元，由此得出产品总收入达到 7000 万美元。产品 X 销售额达 4000 万美元，其中原材料采购成本（略低于平均水平）为 1000 万美元，由此得出其营业收入为 3000 万美元，或者说，占公司总收入的 30%。因此，产品 X 的收入（公司总销售额减去原材料采购成本再减去固定成本所剩余数，即 7000 万美元的 30%）是 2100 万美元。

公司总成本为 1.35 亿美元。减去原材料采购成本和固定成本后，还余 5500 万美元，这就是由产品产生的总成本。在这家公司中，人们认为几乎最具代表性的事务计量单位是发货批次——每年总共 25 万单。根据抽样调查，在这些产品中，产品 X 有 6 万单，或者说，占比 24%，由此它的成本负担份额就是 1320 万美元（5500 万美元中的 24%），其净收入贡献为 780 万美元（用公司 1.5 亿美元总销售额减去 1.35 亿美元总成本，可以得出公司的总利润是 1500 万美元。我们接下来可以看到，780 万美元这个数字超过了公司总利润的一半）。因此，它的贡献系数是每增加的 100 万美元的销售额，带来净收入贡献 19.5 万美元。

在产品总收入中，产品 Y 占比 22%，收入为 1540 万美元。但它的事务处理量占 30%，也就是说成本负担份额 1650 万美元，由此得出负的收入贡献为 –110 万美元。产品 Z 的收入贡献同样是负数，是 –340 万美元，产品 Z 的收入在产品总收入中的占比为 18%（1260 万美元），但其成本负担份额在总成本负担中的占比却达 29%（1600 万美元）。

然而，这家企业的固定成本相当高。这里显示的数字是分摊固定成本后的数字。这意味着在我们计算净收入贡献前，三种产品各自都已经分摊了固定成本。因此，不生产产品 Y 和产品 Z 这两种产品，比生产它们的成本（即使收不回其总成本）更高，当然这就是负的收入贡献所含的两个假设条件：①它们的收入贡献负值（数字）小于其所分摊的固定成本份额。②在全部生产和销售活动中，没有其他收益更高的产品可以替代这两种产品。（第二个假设条件至关重要，它不言自明但很少经过检验。因此，在很多情况下，固定成本分摊的提法往往成为不得罪人的托词）。关于某个产品应负担的固定成本的比例，我们要么使用它的收入占比，要么使用它的成本负担份额占比。我倾向于后者，倒不是因为它有更强的逻辑依据，而是因为在考察表现欠佳的产品时，它更严格。不管采用以上两种方法的哪种，我们都能看到产品 Y 和产品 Z 分摊的固定费用都足够大，因而对公司可实现的净利润有所贡献，不过，就算按照上面说的方法来检验，产品 Z 仍是边缘性产品。

　　位于纽约的管理咨询公司——麦肯锡公司于 1963 年受美国最大的加工食品企业通用食品公司（General Foods Corporation）之托，针对食品杂货业利润和成本做了一项研究，证明了企业成本"事务分析法"的威力。食品杂货商的传统做法与大多零售商一样，都是从"毛利润额"（gross profit margin）中扣除一个"平均"成本额，它们因此认为毛利润额最高的商品是最赚钱的，不过管理有序的连锁超市已渐将货品周转速度纳入考量。然而，麦肯锡公司的研究表明，实际成本取决于每种商品需要的事务处理量，而且不同商品的成本负担份额相差悬殊。例如，一箱干谷物的利润额与一箱汤罐头的利润额几乎相同——干谷物是 1.26 美元，汤罐头是 1.21 美元。因此，食品杂货商总是认为这两种商品给他带来的利润是一样的。但是对事务处理量的研究显示，每箱干谷物的实际利润额只有 25 美分，而每箱汤罐头的为 71 美分。此外，尽管婴幼儿食品的毛利润额高、周转快，但考虑到这种商品有更多的事务要处理，它实际上对杂货商来说是亏钱的。

经理们可能从未把自己的公司想成一个"事务处理系统"。但是，一旦他们领会了这个概念（特别是通过实例而不是学术论文了解到的），往往就能将其应用于自己熟知的业务，至少，他们的直觉会指向正确的答案。

公司中资深经理之间的意见分歧是很有价值和启发的。某家企业完全可能存在不同的事务计量方式，它们都可以作为成本单位。据我所知，在一家大型化工公司，发货单、为客户提供服务支持的客服电话数量，以及为特定用途所做的产品修改量，都可能被当作有代表性的事务计量单位和真正的成本计量指标。如果一个产品因为使用了不同的计量标准致使成本状况呈现很大差异，这本身就是很有价值的信息，至少向企业中的人解释了为什么在讨论产品优点和业绩表现时，大家的观点会发生冲突。

那些各不相同的独立运营环节可以分离出来，然后可以（而且往往应该这么做）根据各运营环节的标准事务处理量来确定它们的成本。所有运营环节的成本加在一起得出的是企业的总成本负担。

对于运营成本高企而且几乎不变的企业，这个步骤是合适的。没有谁有本事只让轮船的一部分出海航行，因此，不管船只是满载还是空载，整艘船航行的总成本都是要发生的。同样，造纸厂的纸浆车间可以运转也可以关闭，但不能以半速运转。它的运营成本是固定的，只要做纸浆，它产生的就是全部的运营成本，而且还很高。

让我们展开来说：任何船运业务都可以分成三种截然不同的营运作业。首先是文书处理作业，它的工作量是与独立航次的数量关联的。无论货件是大是小，是贵是贱，占地是多还是少，一张发货单上列出的是25条还是1条，文书成本都是一样的。这是法律规定的，企业必须出具和填写符合法律规定的文件。因此，某一航次的文书成本就是总的文书成本除以船运公司的装船出货总次数。其次是装卸作业，这项作业的成本单位是以小时计的装货和卸货时间。无论吊货网里装载的货物是大是小，它每小时只能来回装卸那么多趟，船上和码头始终需要全员待命。所以时间就是成本单位。一次出货分摊的装卸成本等于总装卸成本除以该次出货的总装卸时间。那么对船运公司而言，自然也就意味着装卸整包装的大件货物比装卸散装小件货物更划算。

最后是船运作业，无论船上装载的是什么，船舶营运成本都是固定的。不管是空载航行还是满载航行，其资本成本、维修费、船员工资、保险费，甚至燃油费都是一样的。因此，某航次的营运成本在船舶营运总成本的所占份额，应相当于标准航程中赚取收益的货物的舱容在船只总舱容中所占的比例。

某一航次的全部成本负担份额就是这三项独立成本的总和。

到这一步，这一分析可以说已经有重要成果了。它已经能呈现出一些新的事实，以此帮助人们认清长期以来一直困扰他们的一些事情；它也已经能提出许多新问题，这些问题往往令人头疼，特别是在对产品以外的其他成果区进行分析时更是如此。至少在两处，重要的管理决策已经可以显现出来，即定义产品，以及定义恰当的事务计量单位。

　　然而，这并不意味着我们就了解一个产品了。若想真正了解一个产品，我们还得看看它是否具有领先地位以及它的前景如何，也就是要看看它的外部环境和未来。让我以表 3-2 为例来说明。

表 3-2　寰宇产品公司：领先地位

（金额单位：百万美元）

产品	收入	领先地位	短期前景		
			无变化	有变化	静态
A	19.0	边缘地位。与市场上的其他三四种产品一样好，但没有过人之处；在争夺销售第一名的竞争中势均力敌		下降	
B	14.0	边缘地位。已有 5 年历史。是我们进入高品质市场的入门产品。销售额至少应达到当前的 2 倍。已降过几次价，但订单没有增加	下降	下降？	×
C	14.0	领先者。成功让我们喜出望外。最初作为一流产品在小范围市场推出。现已大举进攻产品 A 的稳定市场。在易用性方面完胜其他所有产品	下降	上升	
D	11.0	领先者。低价产品线，利润率尚不能令人满意。品质不如产品 B，却在产品 B 的目标市场卖得很好。使用寿命几乎是竞争产品的 2 倍，价格比最便宜的竞争产品低 20%	上升	强劲上升	
E	7.0	边缘地位。特点鲜明的市场——中型企业的独特市场。几乎没有增长。顾客偏爱竞争对手更高价的产品；投诉我们的产品给其带来麻烦	下降	上升	
F	4.0	边缘地位，但在特殊市场占据领先地位。是某个特定工业应用的首选产品。顾客为了获得我们提供的服务才购买			×
G	4.0	与产品 F 类似。评价同上	上升（有限）		
H	3.5	边缘地位。可望成为公司进军迄今尚未开发的新工业市场的主要产品。竞争对手的工艺在技术上逊于我们，但价格却便宜得多			×
I	2.0	了无生机。10～15 年前的主要产品。现在只有规模较小的公司购买，用于某种过时的工艺			×
J	低于1.0	有望成为领先者。刚开发出来。有助于顾客更快地运行他们的设备，使用寿命更长	上升	强劲上升	

经验丰富的经营者都知道，表 3-2 中对每种产品地位和前景的描述看似简单，实则是对大量艰苦工作和长期讨论的总结。在分析这些产品面时，冷静的人也会动怒，理性的人则会拒绝听取事实，蛮不讲理地说："我不这么看。"换句话说，这里需要的是深入细致、不辞劳苦的工作。不过，这件事情本身（从产品的价值分析到市场研究的工具和技术）已广为人知，即使在再小的企业，这件事实际上也早已成为其日常工作。换句话说，分析结果可能引发争议并让人难以接受，但分析过程本身大家并不陌生。

对一个综合性大公司的阐述当然比对一个小公司需要更多细节，许多东西要量化，其他方面亦然，恕不赘述。但我此处的本意并不是想把分析弄得多么复杂，也没人想学这一套。我的本意只是想说清楚一个概念，这个概念其实很简单。

是什么带来领先地位

领先地位不是一个可以用数量表达的术语。市场份额最大的企业可能也只是在某一个细分市场拥有领先地位。而垄断者，即某个市场或某个产品的唯一供应商，从来不是领先者，也从无可能拥有领先地位。

一样产品为了争取到领先地位，必须最大限度地贴合市场和顾客的一个或多个真正的欲求。它必须是真正的欲求。顾客必须愿意为它花钱。一样产品的某个品质，不管在制造商看来有多好，只有当顾客接受制造商宣称的那一套东西，这一品质才能带来领先地位。所谓顾客接受，是说他乐意以实实在在的方式来赞誉制造商的标榜，比如喜欢这个产品胜过你竞争对手的产品，并且愿意为它花钱。

垄断者无法拥有领先地位是因为顾客没有选择的余地。垄断者的顾客总是想再要一家供应商，待它一出现，他们便会趋之若鹜。顾客或许对垄断者的产品或服务已经心满意足，但是，只有当垄断局面被打破后，这家企业或其产品还能保持住顾客对自己的偏爱，才能说它们是不同凡响的。[○]

因此，第二个供应商甫一露面，垄断者就会始终处于滑向边缘地位的危险之中。对此大多数经营者都心知肚明，但在情感上却难以接受。还有，在分析一家企业时，最好把一个没受到挑战的产品也视为处于危险中的产品。

常见的按照"市场份额"来检验领先地位的方法也是有欺骗性的。这样的例子俯拾皆是，有些公司是市场份额的霸主，却在盈利能力上被规模小得多的竞争对手远远甩在后面。这意味着这些公司并没有从领导地位上获得回报，反而不得不为此付出代价。这是因为大型公司必须在各个方面

○ 顺便提一句，对独家供应商而言，如果地盘上有几个竞争对手，它的销售额还能更高一些。如果只有一家公司供应某一个系列的重要产品，这种产品的销售额就不会增加，更不用说深入挖潜了。美国铝业的历史就是一个例子。尽管美国铝业公司（The Aluminum Company of America）堪称"开明的垄断者"的典范，它不断降低产品价格，并为其产品寻找新用途，但是当美国政府在第二次世界大战（简称"二战"）期间允许另外两家公司进入制铝行业时，美国的铝制品消费量才开始出现爆发性增长。垄断居然都不能给垄断者带来好处，其中的一个原因在于：一家公司哪怕再大，仅凭它自己都不足以开辟出一个有规模的新市场，要形成这样的市场，至少需要两家公司。在新市场中，很少有"唯一正确的模式"。然而，除非竞争对手发起挑战，否则没人会去思考或积极探索其他选择方案。另一个原因可能是，即使是"开明的垄断者"往往也会忽视没有选择余地的市场和消费者。但主要原因当然还在于制造商、批发商、零售商或消费者不喜欢依赖单一货源，因此他们会缩减从某个控制市场的供应商那里采购产品的数额。

都表现活跃，但通常鲜有公司能在每件事上都真正做到卓尔不群。

放眼美国各行各业，在各方面都表现得出类拔萃，又能在各方面拥有一流盈利能力的仅有一例——美国汽车市场的通用汽车。杜邦公司虽然是美国最大、最赚钱的化工公司，但也只是涉足工业化学的少数几个细分领域，特别是纺织品市场使用的化学品和纤维领域。美国钢铁公司的情形能与之相提并论的肯定少之又少，多年来它一直是绝大多数钢铁市场的价格和销售量"老大"，但直到几年前它仍是美国大型钢铁企业中利润最低的一家。由此可见，某个生产企业看似占有其市场的最大份额，但在自己的主要产品面，却只处于边缘地位。但是，在大多数行业，最大的公司只在少数几个产品面占据领先地位，而它的庞大规模和声望却迫使其活跃于众多产品面。

只有个别规模非常小的专业化企业才可能让自己所有的产品或服务，在自己面对的所有市场和最终用途中，在自己的所有顾客以及所有分销渠道中都占据领先地位。 而一家公司（不管规模大小）如果在所有这些成果区都只处于边缘地位，它是支撑不下去的。尤其是，对于那些企业的支柱业务，那些带来大部分销售额，产生大部分成本，同时吸收了企业最重要且最有价值的资源的产品面，企业别无选择，必须使其处于领先地位。处在边缘地位的产品是带不来充足回报的，它始终处于被挤出市场的危险中。

除非占据真正领先地位的产品，不然，市场越大，产品处于边缘地位所带来的危险就越多，产品存活的空间就越小。

　　与经济学家两百年来宣扬的情况正相反，在一个成熟的大型市场中，代替垄断的并不是自由竞争，而是寡头垄断。前者是在一个行业中随便有多少参与者都不加限制，后者则是只有屈指可数几家制造商或供应商之间的寡占（oligopoly）。随着市场逐渐扩大，进入这个行业需要付出的代价也会更大，因此这种努力只能偶尔尝试一次，原因很简单，即一家企业的产品要么畅销全国，要么根本卖不动（就像美国的汽车行业一样）。市场越大，分销渠道的关注点就越会集中在几个知名品牌身上，为顾客提供有针对性的选择而不是品牌多得让顾客挑花眼，或者让自己囤货过多。

　　例如，由于这个原因，美国厨房家电行业（冰箱、炉灶、洗碗机，自动洗衣机等）主打的品牌最终不会超过六个，反托拉斯法再怎么反对，这件事早晚也会发生。对一家大型厨房家电经销商而言，不管是在折扣店、百货公司还是在购物中心，它总共需要的主要品牌也就五六个，这些品牌足以撑起一条完整的产品系列，顾客想要的应有尽有。

　　事实上，品牌太多只能令顾客感到无所适从，乃至失去购买的欲望。品牌过多，增加的不是销售额，而是库存。这些五花八门的品牌占用资金、店铺面积和仓库空间；它们给维修服务带来麻烦，因为维修人员不得不接受更多的电器修理培训，还不得不携带更多的备件；这些品牌要么需要经销商增加促销费用，要么分散了促销手段的效果，不一而足。在这种情况下，厨房家电经销商的第一反应就是向那些产品滞销的生产厂家施加压力，索取额外好处。在过去 10 年中，经销商不断要求生产厂家给予它们更低的价格、更大的折扣、特别融资服务、额外促销补贴；并要求企业保证按高于市场价格的约定价格回购二手厨房家电。每一项要求都在削弱生产厂家的盈利能力。

　　一旦厨房家电市场真的急转直下，那么处于边缘地位的品牌就会被彻底挤出市场。原因很简单，经销商不得不压缩库存，因而只能集中关注少数几个畅销品牌，放弃其他品牌。

　　规模大的市场有利于实现有意义的产品差异化，这就是市场集中度越高，市场就越大、越发达的主要原因。市场越大，留给那种"尚且凑合"的产品的空间就越小，留给边缘产品和边缘厂家的空间也越小。

　　这对当今大众市场迅猛发展的欧洲和日本来说尤为重要。过去在重重设限的德国和法国市场中处于领先地位的企业或产品，到了一体化的欧洲大众市场可能马上变得举步维艰。这也是中型企业（特别是家族企业）之所以闪电般跨越"欧洲共同市场"（Common Market）内的国界，迅速实施兼并和建立伙伴关系的主要原因。只要这些中型企业不谋求搞垄断来控制市场，它们合并成一个大集团或联盟就是有益处的，而我们也真的需要这种合并，以此充分挖掘欧洲共同市场或日本新兴的大众消费市场的经济潜力。

　　市场的扩张也为大量有特色的产品或服务创造了机会，使得它们能够在截然不同的细分市场或最终用途上获得各自的领先地位。虽然这种细分市场或最终用途远远小于全国性市场或大众市场，但它们仍比此前所谓的大市场要大。

以特殊配方的聚合物石化产品为例。它的主要买家是大规模生产高分子聚合物产品（如主要塑料制品）的制造商，因而卓越的聚合物石化产品制造企业的市场机会、销售额和利润都会很高。

位于美国印第安纳州哥伦布市的康明斯发动机公司（Cummins Engine Company）是一家中型企业，作为重型卡车发动机制造商，它的利润一直保持领先地位。若不是以通用汽车为首的那些工业巨无霸提供广泛适用于各种用途（包括公共汽车、轮船和火车头等）的柴油发动机，康明斯几乎不可能将自己限定在某个狭窄的、专业化的产品系列上，并据此取得成功。一款发动机设计要么在哪儿都能用，要么因为安装和维修相当不易而完全不能用。有些分别专注于某一两个专用低马力电机的小型制造商，在其所处领域比通用电气或西屋电气（Westinghouse）做得相对还要好。通用电气和西屋电气的绝对市场占有优势迫使它们必须向所有客户提供满足各种用途的所有类型的发动机，这样一来，它们的某些产品系列势必处于边缘地位乃至亏钱。

领先地位可能来自价格优势或可靠性。对某个特定用途的产品来说，便于维修可能十分关键；而对某些其他用途的类似产品（例如，铺设在海底的电话电缆，或者建在爱达荷州山顶上用于传输电话和电视信号的微波中继站，那里离最近的城镇也有 60 英里[⊖]，需要顶风冒雪才能到达）一个无须维修的承诺可能才是领先地位的体现。外观、风格、设计、顾客的认

⊖　1 英里 =1690 米。

可和接纳，以最低成本改造产品后形成的最终商品，尺寸的大小，服务和快速交付，技术咨询，这些连同很多其他因素都可以成为取得领先地位的基础。

但是，制造商认为的"质量"反而不在其列。很多时候，"质量"甚至是与领先地位无关的，只不过它常被制造商用来作为托词，为自己生产出某种成本高却毫无差别或更好的边缘产品作辩解罢了。如果市场不愿认可制造商宣称的"质量"，那么领先地位就无从谈起。而认可就意味着愿意购买和付钱。对一个产品或企业来说，"领先地位"是一个具有经济内涵的词汇，而不是一个充满道德或审美内涵的词汇。

低价或许根本就不是领先优势的标准。（有些制造商诉苦说"买家"只看价格，并不在意质量。事实上这种说法常常是没有根据的，买家有明确的价值偏好，并且愿意为之付钱，可制造商就是满足不了他们）。但是，在充满竞争的市场经济中，顾客的支付意愿以及他们青睐你竞争对手的产品的购买行为，堪称判断经济成果的有效标准。如果一种产品不能清楚地展现它的价值，就必须怀疑它已经处于或趋于边缘地位了。

因此，我们在分析产品的领先地位时，切记要不断地问自己如下问题："顾客买我们的产品是出于偏爱，还是对别家的产品也同样热衷？""我们得给顾客一些什么东西，才能让他们买我们的产品？（如表 3-3 所示，产品 F 和产品 G 需要为顾客提供的服务量大得惊人。）""我们为顾客交付的产品所获收入最低能达到平均利润贡献值吗？""我们自认为的产品所具备的独特之处为我们带来回报了吗？""我们有没有某个产品具有我们未察觉的领先地位和独特之处？（表中的产品 C 和产品 D 可能就具有。）"

表 3-3　寰宇产品公司：人员分析

（金额单位．百万美元）

产品	收入	主要人员提供支持的数量和质量水平		
		管理人员	技术人员	销售和服务人员
A	19.0	很高	很好且充裕	很好且充裕
B	14.0	很高①	很高①	很高①
C	14.0	好	低	数量和质量中等
D	11.0	高	一般	数量和质量中等
E	7.0	无足轻重	许多，但一般	需要持续的高质量服务
F	4.0 ⎫	技术高度胜任	素质高	最佳销售人员——服务质量高
G	4.0 ⎭			
H	3.5	特别任务小组	我们的最佳人才	销售的压力很大
I	2.0	低	低	销售额低，对顾客工厂老产品的服务质量优
J	低于 1.0	高	相当高	无

①有 2/3 受过技术培训且被评定为"优秀或较佳"的人员参与此产品的支持工作。

如果没有任何迹象显示自己的主要产品具有领先地位且有独特之处（寰宇产品公司的情况可能就是如此），那么公司最好尽快采取对策，特别是如果目前的销售收入和利润貌似还很不错，就更应该有所行动。不然销售收入和利润可能突然一落千丈，而公司却既无备案，也无预警；既无人致力于保持产品的领先地位，也无人开发新产品来取代那些已经开始边缘化的产品。

现在让我们再回到表 3-2 来看寰宇产品公司的产品前景。表 3-2 的数据和推断是在大量艰巨工作之后得出的，我们甚至能从中看到企业内部产生的诸多分歧。对前景的评判（即对某个产品在未来几年里的合理预期是什么）是与领先地位一样充满争议的话题。看了这张表后，每位富有经验的管理者都知道，对产品 A 的前景评判将会引发激烈争议，特别是在工程

部门；对产品 B 的前景评判虽然比较暗淡，但可能仍然过于乐观；管理者
知道主管会计看到对产品 D 的前景评判如此之高，一定会质疑，而销售部
门可能还想把这个预期推得更高；还有些人不顾产品 I 销售额再低都希望
继续销售该产品，老前辈终其一生设计、制造和销售这一产品，他们还指
望它能荣耀再现，但这可能只是一厢情愿。

这种分析想要做什么，以及为什么应该做这种分析，几乎不言自明。

令人不可思议的是企业却很少做这种分析。企业常常会研究个别产品
以及它们的前景。有些企业，尤其是大企业也会研究主要市场，如建筑材
料市场。但是同时探究自家企业**所有**产品的前景，这一举动仍然是不常见
的，更不用说去分析企业的所有成果区了，就算那些声称信奉长期规划的
企业也做不到这点。可是，对企业，对其经营运作与创造成果的能力而言，
这既是一件容易做的事（虽不易做好），也是一条最能揭示现实并提出问题
的途径。

资源在哪里

其实，我讲得有些超前了。在我提到这个或那个产品是"边缘产品"
时，或者在我寻思另一个产品是否真的无须提供某种"额外"的东西（例
如，大量的技术服务）来维持自己的地位时，我已经提前使用了这个分析
中下一步骤的结果：关键资源分配的结果。

到目前为止，这一分析主要围绕着企业及其产品所应发生的事情展开。

现在我们要问的是：为了让这些事情发生，企业要做些什么？企业只有两类关键资源：一是知识资源，即在采购、销售和服务以及技术工作，特别是管理工作中的训练有素的人；二是资金。

这些稀缺和昂贵的资源正在用来干什么？它们部署在哪些成果区？它们是用来获取机会还是解决问题的？用在了那些重要且最有希望的机会上吗？

表 3-3 和表 3-4 的分析虽然并不完整而且极为简单，但它们分析了寰宇产品公司的资源分配状况。

表 3-4 寰宇产品公司：资金

（金额单位：百万美元）

产品	收入	资金分配占公司资金总额的百分比	
		流动资金（存货和应收款项）	促销费用
A	19.0	15% ⎫ 合计占应收款项的80%	25%
B	14.0	45% ⎭	40%
C	14.0	5%——大多数是存货	低于 5%
D	11.0	3%——大多数是在途货物	0
E	7.0	10%——大多数是维修零配件	5%
F	4.0 ⎫ 几乎为零——定制或现金交易	10%——大多数是技术手册
G	4.0 ⎭		
H	3.5	占全部应收账款的 15%～20%	10%——大多数是特价优惠
I	2.0	5%——大多数是用于不再生产的淘汰型号的备件	5%～7.5%——以旧换新补贴
J	低于 1.0	零	尚未列入预算

这些资源拥有（或者说应该拥有）最大的影响力。真正区分公司强弱的，首先是它的技术和专业人员、销售和服务队伍、经理人员以及他们的知识、驱动力和方向。

知识工作者、流动资金（working capital）和运营费用（operating

expenses)（例如促销费用）也是企业中唯一一类可以在合理期限内从一项工作转移到另一项工作的资源，它们实质上是唯一"可管理"（manageable）的资源。相比之下，资本投资的初始决定一旦做出，或多或少就是不可更动的了。

但是，正是因为这些资源容易管理，所以必须对它们妥善管理，否则它们就会不可避免地被错误处置。这些资源的机动性使之特别容易受到压力和紧急情况的影响，也特别容易随波逐流。

没有谁会说："让我们拿出那个最好的、生产最赚钱产品的工厂，借它 6 个月来生产问题产品，反正 6 个月后那个最赚钱的产品还是会在那里。"可是，管理层可能说（事实上他们总是这么说）："让我们抽出最优秀的设计工程师，先停下他们手中正在做的重大新产品设计，那些都是为明天做的，我们先借用他们 6 个月来整改过时的老款产品。"或者"让我们从新产品的促销费用中挪一部分钱出来，反正新产品不管怎样都能热卖，我们倒是得为老产品搞一场特别宣传，否则它们很快会被新产品淘汰了。"

流动资金和"可管理"成本也存在配置不当的风险，尤其是各种促销费用，从价格折扣和技术手册到包装和广告，等等。

例如，美国有家消费品公司，生产和销售一个全国性品牌的家居用品，它发现有四款几近失败的产品却占用了 3/4 的广告预算。而另外四五款产品为公司贡献了大部分收入，它们有最好的市场、最大的增长潜力，还有领先地位，可对它们的广告宣传却只是偶尔闻及，而它们本应该成为广告工作的重心，值得更多投入。

知识工作者不靠数量取胜，他们的质量才是最重要的。流动资金或促销费用正在用来干什么，其重要性绝不亚于这些钱花掉了多少。因此，诸如预算数字或人员配置表等量化指标只是管中窥豹，企业需要深度分析来了解资源分配的质量及其具体用途或目的。

我认识的最有成效的行业研究总监说："称职的研究人员数量的增加只与全部研究人员数量的平方根成正比，能够自始至终持续创造卓越绩效的优秀科研人员数量的增加与全部研究人员数量的立方根成正比。"为了将优秀科研人员的数量从 3 位增加到 10 位，企业必须将全部研究人员的数量从 30 人增加到 1000 人。大多数富有经验的人都会认同一个普遍观点，即在任何一个群体中（无论是熟练的技工、医生还是大学教授），佼佼者人数的增长速度绝对不会像群体总人数的增长速度那么快。每位销售经理，每位工程经理，每位主管会计，每位系主任都知道，他们不得不在雇用和培训许多"小男孩"之后才能得到一位"男子汉"。

"可管理"费用的每一元钱花在哪里或投资在哪里会带来天壤之别。从账簿上看，因为产品不断出现故障而不得不时时维修造成的大量备件库存，与因为市场需求巨大而造成的大量成品库存是一样的。同样，在评价某个新设备的市场表现时，也要看促销的钱花在哪里，是用于满足客户急于训练其员工使用产品的需求？还是以大幅削价来堵住顾客的口，免受他们的批评和抵制？这两种情况是完全不同的。因此，对这些资源及其配置情况的分析对理解成果区至关重要。

　　例如，通过表 3-3 的资源配置分析，产品 E 及其市场表现的数据就变得有意义了，即这个产品是由现场维修人员，而非某个经理人"管理"的。如果资源配置分析显示，产品 H 极度缺乏关键人员的支持和资金拨款，那么对产品 H 市场表现的解读则完全不一样了。

　　换句话说，这一分析也是迈向理解、诊断和行动决策的必不可少的一步。[○]

　　关于知识资源和资金资源要做的事，远比它们在成果区的配置多得多。但是，首先得找出这些资源真正在哪儿，以及它们是如何与经营成果相关联的。

　　○　如果企业能看到它们使用的资本总额与成果区的关系，那么这样的分析当然更有帮助。一般情况下，只有在生产单一产品公司中或者在通用汽车这样的公司中才有这种可能，后者生产的每一种产品只有少数几个样式和尺寸，但产量很大。然而，只要规模较大的企业由分权经营的更小业务部门组成，而且这些业务是可识别和单独运营的，企业的资本总额通常是能被分解的。当然，在这种情况下，企业应该分析资本总额的分配状况，其中资本总额的回报率是评估企业的关键（如杜邦方程式）。

我们现在做得如何

市场上的产品或服务数不胜数，各具特性和功用。这些产品或服务面向的市场和最终用途也成百上千，各不相同。此外，顾客分类方法五花八门，向市场和顾客提供产品或服务的渠道更是林林总总。

不管有多少产品、市场和分销渠道，其实都可以将它们归为屈指可数的几大类别。我观察到的有 11 个类别，除了极个别的情况，它们足以涵盖所有类别。

第一组的 5 个类别比较容易鉴别。针对它们的决策也更简单明了。它们是：

（1）今天的生计来源（today's breadwinner）。

（2）明天的生计来源（tomorrow's breadwinner）。

（3）能产生效益的专用产品（productive specialties）。

（4）开发中的产品（development products）。

（5）失败的产品（failures）。

第二组有 6 个类别，包含了"问题儿童"。它们是：

（6）昨天的生计来源（yesterday's breadwinner）。

（7）可补救的产品（repair jobs）。

（8）多此一举的专用产品（unnecessary specialties）。

（9）不划算的专用产品（unjustified specialties）。

（10）管理层自以为是的投入（investments in managerial ego）。

（11）灰姑娘产品（或称睡美人）(cinderellas or sleepers)。

表 4-1 继续采用"企业 X 射线"来对寰宇产品公司进行分析，显示其产品是如何被归入这些类别的。

表 4-1　寰宇产品公司：初步诊断

（金额单位：百万美元）

产品	收入	诊断
A	19.0	今天的生计来源正在成为昨天的生计来源。每况愈下，严重过度支持
B	14.0	管理层自以为是的投入。应撤回所有支持力量
C	14.0	今天的生计来源。支持力度不够，难以成为明天的生计来源和领导者
D	11.0	明天的生计来源。但白马王子会在灰姑娘变老前到来吗？说不定这就是一个"睡美人"，永远得不到支持
E	7.0	在产品和管理上都需要采取补救措施，以减少过多的服务需求。之后可能会成为"能产生效益的专用产品"，甚至可能成为"生计来源"。是今天的边缘产品
F	4.0	是必不可少的吗？这两种产品都不具有领先地位，也没有前景。是新主打产品的核心，或是"不划算的专用产品"
G	4.0	
H	3.5	另一项管理层自以为是的投入
I	2.0	曾经辉煌一时。昨天的生计来源
J	低于 1.0	开发中。还不是产品。进入顾客厂房的新兴高速设备，具有领导者潜力。我们了解这个市场吗

"11"这个数字并无什么特别魔力，给上述 11 个类别起的名称更无特别用意。有人可能喜欢再多分几类，还有的希望少分几类 。（比如把可补救的产品、多此一举的专用产品和不划算的专用产品合并成一类）。

但是，我相信在逐一分析了每个类别后，我们将发现所有的成果区都可以用这种方式来分类，而且这种分类大致决定了我们应该如何对待一个产品、一个市场或者一个分销渠道。

换句话说，根据这几个类别，我们便能对企业及其所有的成果区做一个初步的诊断。

（1）**今天的生计来源**。这类产品通常数量可观。它们对净收入有一定贡献，而且往往比重不小，其成本负担份额应该不超过它们的收入贡献。它们的贡献系数虽然不是最高的，但也差强人意。如果企业在设计、定价、促销、销售方式和服务方面进行大幅整改或变革，这类产品还会有一定的增长空间。但即使加以改进，其增长也不可能延续太久，其贡献已经见顶或者快见顶了。

> 大多数公司做过分析后都会发现，自己好歹有一个产品是今天的生计来源。在这方面，寰宇产品公司不具代表性，它没有一种产品称得上今天的生计来源。产品 A 即将成为昨天的生计来源，而产品 C 尽管有增长潜力，却缺乏足够的资源支持，更像是明天的生计来源。

今天的生计来源总是可以获得关键资源的大力支持。其实，它所占用的关键资源应低于它**目前**的收入和利润贡献，这才显得合理，但它似乎总是占用过多的资源（在这方面，产品 A 十分典型）。

> 把关键资源过度分配给今天的生计来源是一种常见现象，造

成这种现象的原因之一是人们以为只要再多投入些工夫，就能使这些产品再度成为增长之星，哪怕大家心知肚明，它已经没多少增长空间了。对于一个实则已经成为昨天的生计来源的产品，人们总有一种偏好，想把它当作今天的生计来源。对此，检验贡献系数是最好的验证方法（产品 A 通不过这个检验）。

（2）明天的生计来源。当然，谁都希望自己的每样产品都属于这一类。一家公司哪怕只有一个明天的生计来源也是好的，只可惜它们并不像公司新闻稿和股市公告所宣称的那样常见。（实际上，表 4-1 显示，在仅有的 10 个产品中，有两个产品属于这一类——产品 C 和产品 D，这个比例高于平均水平。）

明天的生计来源既是客观的现实，也是成功的吉兆。它已经有了一个有利可图的大市场，而且被广泛接受。即便不再对这类产品大动干戈，它在未来也会有巨大增长。

它们的净收入贡献和贡献系数通常很高，实际上一般都高于它们本该达到的水平。由于这类产品表现得如此之好，人们会以为它们不再需要支持了。所以，本该用来充分开发该产品的关键资源流向了别处，最多的是用到了解决昨天的生计来源的各种问题上；更有甚者，还会用到管理层自以为是的投入上去。这是最糟糕的一种做法——饿死机会来喂饱问题。殊不知只要现在给明天的生计来源多一点支持和资源，它就能成为带来最大回报的产品。

有时候，明天的生计来源都快要"饿死"了。或者如我们常

见的，为其投入的工夫刚刚够它们萌芽，却不足以培育它们继续
生长。这样一来，就为竞争者腾出了市场，它们侵入后，既不播
种也不耕耘，却可以大肆收获丰收果实。（如表 4-1 所示，公司如
果不能为产品 D 提供它所需的资源，产品 D 很可能会"饿死"。）

（3）**能产生效益的专用产品**。这类产品的市场十分小众且独具特色。
不过，它们可发挥某种真正功用，并且应在其市场中享有领先地位。这类
产品对净收入的贡献应高于其对销售量的贡献，而成本负担份额应大大低
于其对销售量的贡献，其占用的资源也应该是非常有限的。现实中它们大
多都会是量产产品的副产品。

寰宇产品公司的产品 E 可能会成为产生效益的专用产品，但目前还没
做到。

（4）**开发中的产品**。表 4-1 中的产品 J 可以为例，它还不算真正的"产
品"。这类产品还处在引介阶段，甚至正处在开发过程中，它尚待证明自
己。但其巨大的潜能已是有目共睹，众望所归。

无论是在管理上还是在技术上，以及在销售和服务上，开发中的产品
都值得公司倾力投入。当然，分配给它们的人力应略少一些，不过再少也
必须比其目前收入可支撑的人力多，这才说得过去。

对于开发中的产品，真正要考虑的不是它们今天是什么或做什么，而
是要保证它们不会变为所有产品类别中最糟糕的那一类——管理层自以为
是的投入。

（5）**失败的产品**。这些产品可能算不上那种需要诊断或处置的问题，
它们会自生自灭。

事实上，健康的企业即使遭遇重大失败，也不会被击垮，正如福特公司1957年至1958年上马的埃德塞尔（Edsel）汽车项目，那是美国商业史上一出最广为报道的产品开发悲剧，但后来福特公司还是起死回生了。失败更像是小男孩贪吃太多青苹果而遭的罪，他们会很难受，也有危险，但如果这男孩身体好，那么熬过最初36小时差不多都能好转，到时毒素就会自行分解了。

我们现在来讨论第二组的产品类别，它们可是棘手得多。

（6）昨天的生计来源。这类产品就像今天的生计来源一样，销售量往往很大，但已不再是利润的主要贡献者。它们靠削价、大力度的广告和销售，或者特殊服务，特别是针对小型和零散客户的服务来保住市场。换句话说，它们的总收入相对于销售量来说偏低，而为了保住其在市场中的一席之地，事务处理量却有增无减。

如前所述，表4-1中的产品A可以算作一个昨天的生计来源。从表中可以看到，关键资源都集中在产品A身上，这种情况非常典型。企业中的每个人都"眷恋"昨天的生计来源，因为它是"造就这个公司的产品"。"老产品A这么好，对它的需求永在"，此乃公司的一个信条。但是对昨天的生计来源是要废弃的，要不了多久它们就会被淘汰，就像表4-1中的产品I那样衰落。什么也阻止不了它们的衰落，试图延缓它们的衰落只会得不偿失。

（7）可补救的产品。一个产品要归属这个类别，必须满足多个苛刻的条件，它必须具备以下特征：

- 销售量大

- 较大的增长机会

- 明显的领先地位

- 极有可能取得非凡成果（如果改进成功）

不过，它是有一个（**只能有一个**）重大缺陷的，这个缺陷：

- 可以清晰界定

- 比较容易纠正

- 使产品的利润难以达到最高水平或增长潜力难以发挥全部水平

表 4-1 中的产品 E 看上去像是可以补救的产品。如果能把服务内置为产品的一部分，而不是作为"附加"部分和一项促销诱因的话，这类产品就可以成为令人赞叹的、能产生效益的专用产品，为公司带来利润。随着销售量增加，它甚至可能成为一个生计来源，也就是说，变成一个有利可图的、可量产的产品系列。它的不足之处一目了然，那就是缺乏管理。

可补救的产品往往会卖错顾客——没找对买家，或者选错了分销渠道。因此，如果分析这些成果区，可能会发现更多。

例如，在寰宇产品公司中，经过市场分析后确定的某项补救措施令曾经一度辉煌的产品 I 重现活力。那个让它在美国市场风光不再的特色，却令它在拉丁美洲备受追捧。拉丁美洲需要用起来更简单的产品，并且要适合小型工厂和低速设备。该公司在拉丁美洲的三家制造企业尽管在市场上占据领先地位，盈利能力却在快速走下坡路。它们没有廉价产品，因此无法与专为小型工厂设计的欧洲产品竞争,这些小型工厂只雇用几名技术高手,使用的机器也比较简单。

于是公司换了个方式来补救,不再在美国本土生产产品 I,而改在拉丁美洲的三个子公司生产。美国仍有个别客户需要该产品,那就改为从墨西哥子公司供货。但谁也不想在美国市场再推广该产品了。然而在拉丁美洲,这种产品成了所有三家子公司的今天的生计来源,墨西哥子公司还负责将其出口到整个加勒比海地区。墨西哥投产产品 I 没几年后,单单出口销售额一项就超过了母公司当初只在美国生产该产品时的总销售额。

以下是某产品分销渠道采取补救措施的例子。

某家居维护设备生产商启动"上门推销"不久,对销售成果甚为满意。与其他公司相比,它的推销员在成交顾客数与拜访数量之比上取得了超乎寻常的高分,且每笔销售额是其他公司的 3 倍。然而,进一步分析表明,上门推销却让公司出现巨亏。虽然该公司推销员每次拜访顾客成交的销售额超过了其他公司推销员的,但前者的拜访数量只是后者的一个零头。他们每次拜访不是只待几分钟,而是会逗留数小时来向顾客展示他们的产品,还会就特定的家居修理或维护问题为顾客答疑解惑,等等。而当他们接到总部要求压缩拜访时间的指令后,销售额就大幅缩水了。

该公司为此实施了补救措施,给这些推销员提供更多可卖的产品,以此提高他们每次拜访顾客的销售额。实际上该公司自己就生产这些东西，有些产品的单价还很高。但公司有意不让推销员卖这些产品，认为只有低成本的产品才适合上门推销，而且每次推销的产品种类不宜太多。后来，公司对推销员放开全系列产品，并为他们都配了运货的小卡车，结果单次拜访的销售额在几个月内提高了数倍。

但是要当心！不是所有陷入泥沼的东西都可能补救，事实上，只有少数产品能这么做，这些产品必须完全符合我们前面提出的条件，只要有一项不符，就绝不能把它当作可补救的产品。否则，每一个昨天的生计来源，每一个多此一举的专用产品，更重要的是，每一项管理层自以为是的投入都会宣称自己属于这一类别。

而且，在任何情况下，对可补救产品采取的补救措施都不应超过一次。如果第一次补救未能奏效，听到有人辩称"我们现在知道**真正**错在哪里了……"，此时对这种说辞绝不能心软。可补救的产品已经够让人头痛了，比这更头痛的是管理层自以为是的投入，而这正是可补救的产品争取到"第二次机会"后最有可能沦为的下场。

（8）**多此一举的专用产品**。最好将它称作"没有必要成为专用产品的产品"，但这听起来有些啰嗦。这里所说的"没有必要"指的是与其弄出这些个"专用产品"，倒不如只弄一个成功的主打产品，其销售量足以产生经济成果。

多年来，为分马力电机开发的特殊设计层出不穷，每一款在推出时似乎都能满足某种特定而略有差别的需求。如此一来，这个行业的产品就呈现出没完没了的多样化。事实上，小型电机的传统分类方法已经过时，但是没人尝试过推出新标准。直到近10年，新标准终于出现，这一领域看上去无穷无尽的花样才减少至五六个，最多七个类别，每个类别都是重要的量产产品。

多此一举的专用产品有一个常见症状，就是每一个顾客需求或市场需求，都有五六种不同的产品可供选择。一旦五六种产品（全都是专用产品）中的任一种都能同样完全满足顾客的需求，一个可量产的"通用型"新产品可能就被埋没不见了。另一个症状是，技术的进步本可以应用于全部产品范围，但这里的每一种产品都标榜自己是为某个"特殊"用途开发的专用产品。

表4-1中的产品F和产品G或许就是多此一举的专用产品。从收入贡献判断，它们肯定不是能产生效益的专用产品。

然而，一种产品未带来理想的经济成果，还不至于将其判为多此一举的专用产品。未来新的主要产品在销售、利润和增长方面肯定也还有真正的机会，从而取代一堆乱七八糟的专用产品。

若非如此，我们只会另外搞出一个不划算的专用产品。

（9）不划算的专用产品。不划算的专用产品是不能在市场上真正发挥经济功能的，它的差异化没有意义，因为顾客并不愿意为此付钱。

某家生产实验室设备的大厂商夸耀的正是这种不划算的专用产品，这是一种与标准仪器略有不同的显微镜，由于要求采用不同的生产和涂装工艺，所以其成本比标准仪器高很多，可它的那点"不同之处"又够不上卖一个很高的价格。相反，在该厂商接到的投诉中有 3/4 都冲它而来，这就需要为其提供大量的服务支持。如此看来，它的"不同之处"只够得上需对它加以特别"服侍"，还需训练专人来对付它的"坏脾气"。然而，由于它造价高而且生产难度大，企业就认为它是高级产品，顾客对厂家的这种错觉却毫无共鸣。

发现不划算的专用产品其实不难。由于顾客不肯为它花钱，它的盈利表现就不佳。而且由于它也不是顾客真想要的东西，投诉和报修电话就会很多。但是，对于这个不划算的专用产品，企业里的人总会辩称："如果没有它，我们就拿不到量产产品的订单。"这种辩称有时是说得过去的，只是在这种情况下，专用产品根本不是"产品"，而是套装产品中的"促销部分"。然而，更多时候这种辩称没有实际意义。销售人员总是力劝想买主要产品的顾客订购专用产品，他们的说辞是："瞧瞧这些附加的特性，全都是白送给你的啊。"

英国的一家金属制品生产商的专用产品的销售量占比为 20%，成本占比却达到了的 70%。整个销售部门拼命捍卫它，说企业需要这款产品来吸引和保住那些购买主要产品的顾客。然而，当欧洲大陆的企业开始以略低的价格向英国供应那些主要产品时，购买主要产品的顾客立马转向那家更便宜的新供应商，留下这家英国公司空守着它那些专用产品。具有讽刺意味的是，尽管英国公司的主要产品价格不菲，但由于专用产品的事务处理成本也较

高，它反倒是赔钱的；而欧洲的新供应商虽然卖的价格较低且资

金成本较高，却很快赚到了钱。

换句话说，检验专用产品是否划算，只要看主要产品的买家是否真

的会买专用产品就行了（当然这个检验应该不等顾客停止购买主要产品就

做）。专用产品常常也有自己的顾客，小众而且分散，只是大宗客户不会

碰它。

不划算的专用产品总是在损耗公司的成果。它们汲取过多的关键资源。

它们通常还需要持续不断的技术工作来进行改造，令自己越发多样化。这

是因为只有看上去"新"和"异"，它们才能继续留在市场上。它们是非标

准产品，生产运行时间短，成本高，质量难以预测，性能也得不到严密控

制。结果就是，不划算的专用产品总是带来一大堆投诉和没完没了的服务

索求。

更危险、更常见、更难以摆脱的是下一个类别。

（10）管理层自以为是的投入（表 4-1 中的产品 B 和产品 H 就是例子）。

这是应该成功却未能成功的产品。但是因为管理层对这类产品深以为荣并

且倾尽全力，以至于他们不愿面对现实。管理层确信产品明天就会成功，

可是明天永远不会到来。而产品越是迟迟不能达到预期的成功，管理层就

越是醉心于此不能自拔，投进去的关键资源也就越来越多。

我之前提到福特的埃德塞尔风险项目是在美国被报道最多的

产品失败案例。事实上，像埃德塞尔这种失败通常是无法预知和

阻止的。它之所以惨败，主要原因是福特太大了，而汽车市场也

太大了。好在后来福特很快放弃了埃德塞尔项目，恢复了元气，没有继续受其拖累。

但在汽车行业以外，甚少有人知道，另一家汽车制造公司因为管理层在近 1/4 世纪里自以为是，死守着一个产品项目而差点毁灭。这款汽车推出时，曾像埃德塞尔一样深孚众望。但是，它并没有像埃德塞尔那样一败涂地，而是徘徊在失败的边缘。1/4 个世纪以来，每一次市场调查都显示，这是一款工程设计一流的汽车，其车型和定价可以帮它获得最大的市场份额，美国民众也都喜欢它。

唯一蹊跷的是美国民众都不买它。年复一年，这款车的市场表现总是灰溜溜的。但人们总是预测来年它必将腾飞，大获成功，登上其品质"应得"的领导宝座。为此，公司的资金越投越多；更糟糕的是，公司的关键资源（如管理、技术和市场资源）都成为这个几近失败的产品的祭品。公司里不管什么人，只要展现出才干，特别是如果他之前成功地推广过公司生产的某个车型，他就会被抽调去照顾这个"病秧子"。而 6 个月或 1 年后，若没能使这款车起死回生，那么这个人通常就变成了公司的"前任员工"。

这么干了 25 年后，当管理层终于放弃这款汽车时，这个曾经强大、成功、持续增长的公司都快被它耗干了。

这个例子让我们看到管理层自以为是地投入某个产品时的态度：自认为赋予了产品成功的"权利"，觉得它"物有所值"；笃信一个产品尤其是新产品"必然"成功，因为"我们知道它的品质无可匹敌"。

　　从经济学角度来看，这两个观念当然都不太讲得通，而且它们也违背了最基本的概率论。不管哪一款新产品，取得一般性成功的概率大约是20%；而若要成为引爆市场的产品，概率只有1%。

　　我们知道，在每100个新产品或服务中，平均只有1个产品会取得真正的成功，并为企业奠定牢固的基础，使企业获得丰厚的利润。另外19个或将成为可圈可点的生计来源或成为能产生效益的专用产品，但它们永远不会令人瞩目。

　　我们也知道，在这100个新产品或服务中，就有1个会像埃德塞尔项目那样成为众目睽睽的失败者。换句话说，有1个会立即自我了结，其余19个则未及带来重大损失便不了了之。

　　这样就剩下60个新产品或服务，它们十有八九既不会成功（其实也就是要求它们赚回本钱），也不会因为一败涂地而被摈弃。因此，每100个新产品或服务，就有60个不得不被砍掉，以免成为管理层自以为是的投入。

　　最自欺欺人的事是，相信为一样产品投入的资源越多，其前景就越光明。

　　流传最广的格言莫过于"如果一次不行，那就两次，两次不行，那就三次……"而更现实的格言则是："如果一次不行，那就再试一次，如果还不行，就换别的再试试。"一次次重复尝试，只能令成功的概率变得越来越小，而不是越来越大。

　　每个新产品都得在有限的时间内取得预期成果。只有在它有了较大进展后，才能放宽这个时限。如果放宽之后还未有所突破，就不应该再给它机会了。否则，管理层自以为是的投入就会在企业里杂草丛生，持续消耗关键资源，占尽管理层的时间，却永远看不到任何转机。

　　图书出版业似乎是唯一谙熟此理的行业。如果一部新小说在短时间没能热销，出版商就会中止对它的宣传和推广。然后再等6 个月，它们会卖掉所有存书，承担出版这本书造成的损失。没有哪本巨著因为这种做法而遭到埋没，这倒是与大家流传的说法正相反。

管理层的自以为是通常还体现在下面这个类别上，也就是最后一类产品中。

（11）**灰姑娘产品（或称睡美人）**。这些产品一旦遇到机会，就能脱颖而出。但是，它们却与靠自己的表现本应获得的支持和关键资源无缘。

表 4-1 中的产品 D 看上去就像这样一个睡美人。对其领先地位的分析向我们揭示了为什么它不受青睐。

一个原因是常犯的管理错误，即将利润率等同于利润，而利润的计算方式从来都是利润率乘以营业额。利润率需要根据一个产品产生的事务处理量进行调整，而不只是对通常的会计数字成本负担进行平均。当产品使用的原材料含量不一样时，利润率也靠不住。比如产品 A 的利润率是每 10 美元营业额产生 1.00 美元利润；产品 B 的利润率是每 10 美元营业额产生 2.00 美元利润；若同期产品 A 的销售量是产品 B 的 10 倍，那么产品 A 贡献的利润就是产品 B 的 5 倍。这个算法每个做企业的人当然都懂，不过只有当营业额和利润率始终关联并一起出现时（如杜邦公司和通用汽车的投资回报率计算公式所示），或者如同我们在分析中使用的收入数据那样，一起表达为一个结果数字时，他们才会想起来这个算法。

产品 D 不受青睐的第二个原因可能更重要。它抢走了产品 B 在设计时所针对的市场。产品 D 的成功威胁到了管理层的宝贝产品。"灰姑娘"可能会侵蚀今天的生计来源的势力范围，或加速昨天的生计来源衰落的步伐。由于经理们也是人，所以他们以为只要不去关注产品 D，这种令人不安的威胁就会消失。如此一来，就可能出现这种情形：某竞争对手（常常是完全来自行业外的公司）发现了"灰姑娘"，然后带着她私奔，把今天的生计来源及其生产者甩在身后。

20 世纪 50 年代初，晶体管的开发商都是些美国公司，它们在当时的电子管领域有一桩很有赚头的大生意，尤其是在为收音机和电视机提供替换配件方面，更是利润可观。新出现的晶体管具有与电子管同样的功能，成本却比电子管低得多，而且重量极轻、耗电量低且不占空间。这想必对电子管业务是一种威胁，可它并没带来零件替换的业务。于是，我们便很容易理解为什么那些美国大公司的人觉得晶体管业务"还不到火候"，不能广泛应用。然而，日本人在当时这种情形下没有包袱，他们认识到晶体管成本低、重量轻、能耗少、占用空间小，而这些正是生产真正便携式小收音机的前提条件。于是，日本人拿走了美国人的晶体管，就是那种"还不到火候的晶体管"，并以此为基础，在美国人的市场上做起了收音机的大生意。

　　并不是每一个孤立无援的新产品都是睡美人。但如果一个产品缺乏支援却表现得超出期待，那它可能就是一个睡美人。有了这一初步证据，就应增加关键资源来支援它，特别是提高关键资源的质量。至少，该产品展现出的潜力已经超出所有人的预期。

诊断变化中的产品

　　对产品和其他成果区进行分类并不是太难。但想要做出一个合理的诊断，光有这些还不够。

　　我们还要预见某种产品的特性发生的某种改变，特别是没落中的产品。我们怎样辨识明天的生计来源将变成今天的生计来源，继而又变成昨天的生计来源？我们怎样辨识昨天开发的产品正在成为管理层自以为是的投入？诸如此类。

　　有两条简单的原则适用于一切成果区的所有分类（不包括那些自生自灭彻底失败的产品）。

　　（1）如果实际绩效与期望值出现显著偏差，这可能意味着成果区的分类发生了某种变化，至少要对此进行重新分析。

　　（2）每个产品（或市场、最终用途、分销渠道）都有一个"生命周期"。在分析**进一步增长所需的成本**时，可以发现某个产品处于生命周期的哪个阶段，以及它的预期寿命有多长。

　　第一条原则要求我们事先写下自己的期望。

人类的记忆具有不可思议的弹性。三年过去了，没人记得某个产品当初曾被寄予厚望——要为行业带来革命性的改变，而现在它只是刚刚收回运营的本钱。每个人可能记住的是："我们一开始不过是想让它为我们产品系列做一个小小的补充，现在看来，它表现得还不错。"

只有坚持将对产品的期望写下来，我们才能得到可靠的史料。

将成果与之前的期望做对比，我们可以发现，问题主要存在于两个方面：一是管理层自以为是的投入在没落，二是灰姑娘产品错失了机会。把成果与期望挂钩也是发现不划算的专用产品的最好方法。这是因为不划算的专用产品几乎无一例外来自人们对超高利润的期望——或期望它能成长为一个主要产品，或开辟一个崭新的大市场，或至少给量产产品带来一些新的大买家。

增量分析

产品生命周期的概念使增量分析成为可能，这种概念不同于成果与期望之间的比较，它对大多数经营者来说是一个新概念，因此值得多费些笔墨。

不同产品的寿命是如此不同，不可能一言以蔽之。有些产品的寿命只能持续几个月或几年。而有些产品，比如阿司匹林从出现一直到今天却少有变化——虽然它所处的行业以瞬息万变和创新率极高著称，而且几乎没有衰落和被厌弃的迹象。

然而，没有哪个产品会长生不老。它们生命周期的形态总是相同的。在婴儿期，产品要求你投入大量资源，却不会产生丝毫回报。这时的它实际上还称不上"产品"，只是一个"发育者"。

当它进入青春期，每增加 1 美元的投入（这种投入可能以资金的形式出现，也可能表现为技术改进或关键资源投入），它就会为你带来很多美元的回报。当产品步入成熟期并成为今天的生计来源时，额外投入获得的增量收益（incremental acquisition）则会大幅减少；而当获取增量的成本达到或超过可以获得的额外收入时，产品就变成昨天的生计来源。然而，管理层自以为是的投入却直接从青春早期跨入早衰的暮年，开始走下坡路，即企业额外投入的成本超过了它们的回报。

　　每位工程师都熟悉下面这个简单的数学定理。在某一点上（工程师称之为"曲线拐点"）产出增量将开始快速下降。在达到此点之前，例如，每一个单位的额外投入获得的产出增量已经开始呈现算术级数递减，如从 10 降到 9、8、7……，等等。然后突然，产出增量开始以几何级数下降。例如，每一个单位的额外投入，企业所获得的额外产出只是前一个单位产出增量的一半，甚至不到一半。从这个拐点开始，追加投入实际上已不再产生价值，而回报也在锐减。因此，在这个拐点上，企业应停止继续投入。[⊖]

其实，企业在每增加一个单位的投入所获得的产出开始下降之前，就

⊖ 这个定理的一个用途是许多管理者熟知的统计抽样，当样本量扩大到不再能大幅提高分析结果的信度时，这时的抽样范围是最理想的。

应该停止追加投入了。从生命周期来看，产品就是从这个点开始转变为今天的生计来源的。这个拐点是最佳点，相当于汽车最佳的行驶速度或飞机最佳的飞行速度——保持这个速度，我们可以从燃料中获得最大效率，从资源中获得最多成果。

增量收益成本的概念不止适用于独立的产品、服务、市场或客户。对某家企业或某个行业来说，增量收益成本的急剧上升通常不只是最初的危险信号，也是最重要的危险信号。

美国大批量发行的杂志面临的困难是有迹可寻的。例如，在20世纪50年代初，新增订户的增量收益成本急剧上升。为了进一步提高发行量，一时间许多杂志支出的费用开始超过新增订阅费所带来的回报。当时，面向大众发行的杂志似乎能带来更多收入和生意，然而成本危机已经可以预见。果不其然，成本危机在几年之内令许多杂志纷纷关门，而且还虎视眈眈要对更多杂志下手。大众杂志因为无法扭转增量发行带来的成本激增趋势，陷入困境。

增量分析特别适用于广告、销售和促销费用。每增加100万美元的广告费能带来多少额外生意？实际上，如果增量收益不能随着广告成本的增加而增加，这样的广告多半都是不划算的。稳步保持增量是不够的，还必须增加。这完全就是用另一种方式来说广告人全都知道的道理：广告要么是一石激起千层浪，要么就是打水漂。

用这样的视角来看美国当今的状况，我们就会对电视这一最受热捧的广告媒体严重质疑。这个领域，过去的 10 年中，增加费用支出似乎是不二法门，但就目前掌握的数据而言，这么做似乎并未获得任何额外的成果。

增量收益成本概念的重要性和适用性不局限于本章讨论的范围。这个概念适用于企业的许多任务，这些任务比提高现有业务的成效更重要。事实上，它是我们可以利用的最重要的诊断工具之一。现代会计正迅速认识到这个事实，并且正在构建其系统来提供增量分析所需的数据，这是管理层绩效实力的重大进步。有了增量分析，对企业的初步诊断就从对过往所做的审计转变成了可以预见未来并防患于未然的工具。

成本核心和成本结构

在企业经营中，成本（包括成本的识别、计量和控制）是研究最透（但愿不是过度研究）的一个领域。在这方"田地"耕耘的人最多，最勤勉，装备也最齐全，其中不乏会计师、工业工程师、方法分析师、运营研究人员之类的专业人员。提出"公司理论"（theory of the firm）的英裔美国人最感兴趣的是成本及其特性，还有对成本的控制。出版《商业管理》（*Betriebswirtschaftslehre*）的德国人也是如此。有关成本控制的著作汗牛充栋，投入成本分析的时间也难以计数，与这个话题相关的工具、技术和图书从不短缺。

例如，大多数企业的年度"降本运动"总会像春季的伤风感冒一样如期而至，人们似乎还有些乐此不疲。但往往 6 个月过后，成本又恢复到了原有水平，企业又开始为下一轮"降本运动"做准备。

不过也有一个明显的例外，即在不幸陷入衰退的公司中，新晋管理团队有可能创造降本的"奇迹"。这种公司受前任管理团队的强势驱动，即使不处于垄断地位，一般也在行业独占鳌头。后来公司被交到羽翼未丰的接班人手中，开始流于无序，直至有一天它们发现崩塌之虞扑面而来，才着手解决那些有目共睹的问题，比如关闭一个多年不开工也没有利润的老厂，以此来砍掉 1/3 或 1/2 的成本。但这种所谓的降本奇迹，充其量也只是为公司提供了一个喘息之机而已，让新晋管理团队得以对企业进行再造。

总而言之，集中资源去获取成果才是最佳且最有效的成本控制方法。毕竟，成本本身是不存在的，它是为获取成果而发生的，至少意欲如此。因此，重要的不是成本的绝对水平，而是投入与成果之比。无论一项投入多么低廉或多么高效，只要没有成果，那就都不能算是成本，而是浪费。如果迟迟未见成果，那么这项投入从一开始就是白白浪费。因此，争取机会最大化才是提高投入与成果之比的主要途径，也才能控制和降低成本。机会最大化必须摆在首要位置，其他成本控制措施只是补充而已，并非主导。

然而，即使企业能够有条不紊地将工夫和资源投向机会与成果，它也需要成本分析和成本控制。没有哪家企业在投入资源时可以做到滴水不漏，这就像地球上没有一台机器在运转时可以不产生摩擦损耗一样。不过，摩擦是可以减少的，企业经营业绩及其成本绩效也是可以大幅提高的。

有效的成本控制有几个前提条件：

（1）成本出现在哪里，就必须聚力到哪里去控制成本。从一个 5 万美元的成本项中削减 10% 与从一个 500 万美元的成本项中削减 10%，企业需要投入的工夫大致相同。换句话说，成本也是一种社会现象，其中 90% 左右的成本是由 10% 的活动引起的。

（2）不同成本类别必须区别对待。各类成本的性质截然不同，这点与产品是一样的。

（3）降低成本只有一种方法真正有效，即将某项活动整个砍掉。只想着把成本收缩一点，几乎于事无补；在根本不该做的事上面，收缩再多成本也毫无意义。

　　然而，在"降本运动"的启动宣言中，管理层总是声称绝不砍掉任何活动或部门。这等于宣告整个"降本运动"是在走过场。这么做最后只会损害企业最基本的经营活动，并且让人确信那些非必要活动的成本不消数月就会回到原有水平。

（4）有效的成本控制要求我们必须放眼整家企业，正如我们只有考察过企业的所有成果区才可能真正认识企业一样。

否则，某处的成本降低了，但成本可能被摊派到别处。这么做看似降本行动大获成功，但数月后一看最终结果，总成本和之前一样高。

　　例如，为了降低制造环节的成本，企业把成本负担转嫁给发货部门和仓储部门。为了降低库存成本，企业将控制不了、起伏不定的成本推给上游的制造环节。我们常见的还有：在大幅降低某些原材料采购成本之后，企业却不得不应对不尽如人意的替代材料导致的机械加工问题——工时更长，速度更慢，成本更高。对此每个经理人员都深有体会，而且这些例子不胜枚举。

（5）"成本"是一个经济学术语。因此，我们需要分析的成本体系，是创造经济价值的完整**经济**活动。

"成本"的定义应是顾客为获得某些产品或服务，并从中获得全部功用而付出的代价。然而，人们几乎总是从法律层面而非经济层面上给它下定义，即成本是在某个特定的（随意设立的）法人实体（独立企业）中发生的费用。这一定义漏掉了大量真实的成本，因为每一样产品或服务都有 2/3 的成本发生在某个特定企业之外。顾客花在产品或服务上的费用，制造商充其量拿走了 1/4，包括制造商采购原材料的费用、加工或制作的费用；其余的当然还包括通常在法律上独立的、各个批发和零售商那里产生的分销成本，零售商（百货公司）也只承担了总成本的一小部分，主要成本还是它们出于销售目的而采购的商品成本，诸如此类。然而，能够影响到顾客的是总支出，这才是决定他购买商品的因素。至于总支出在从原材料到成品的经济链中是如何分摊到众多独立法人企业的，顾客根本就不关心，他关心的是自己需要为得到的东西花多少钱。

如果企业只将"成本控制"局限于经济链中某一个法人实体内部发生的成本，就不要指望能控制成本。想要控制成本，企业起码得对总体成本有所掌控并有深刻理解。

在现实中，"成本"的定义可能超出顾客购买的范畴。没有谁买的是"一样东西"，他买的是从这样东西中获得的满足感和功用。因此，真正的经济成本应包括顾客为了从所购之物中获得全部功用而需付出的一切——如保养、维修，以及使用费用等。

这并不是说只要一件物品的维护成本降到足够低，就可以卖更高的价钱。现实情况往往是顾客为自身情况所迫把"价格"定义为初始费用，而不理会后期的维护成本。例如，在美国和英国，市政部门的借债能力通常被严格限制，却拥有强大的征税权。它们的资本成本通常来源于借款，而运营成本来源于税收，因此，只要资本成本保持低水平，即便运营成本较高，它们也能负担得起。结果，这两个国家的市政部门始终不愿购买供路灯配套使用的铝制电线杆。这些铝制电线杆在 20 年的使用寿命中消耗的成本比钢制电线杆低，只是初始购买价格较高。不管实际结果是不是经济实惠，只要顾客（市政部门）按照法律要求来对待这件事，它们就不会考虑采购铝制电线杆，可是从经济的角度看，它们这么做也许是一种非理性的行为。

因此，除非我们以外部视角来做**市场营销**分析，并根据分析结果来审视和修订成本分析，否则，成本分析没有真正意义，也不可靠，仅仅基于自我视角的分析是片面的。

某些令人瞩目的企业之所以取得巨大成就，关键是因为它们对外部的成本有所研究。

在分销领域取得辉煌成就的两大零售巨头可以为证。西尔斯公司（Sears Roebuck）和玛莎百货（Marks & Spencer）分属美国和英国，两大零售商都将自己的成就归功于对制造商的甄选，为其重新开发或改进制造流程，并明确规定产成品的成本。在制造商的成本、产品和制造流程上，两大零售商都主动承担起责任，这种责任远超它们在法律上的控制范围，是它们的法外责任。

同样，通用汽车之所以取得成功，是因为它深度参与了独立汽车经销商的成本结构规划。而 IBM 取得的许多成就则要归功于为客户文书工作做设计，从而使它自己的设备发挥出最大生产力。

因此，为了能够控制成本，企业必须进行如下**成本分析**：

- 辨识**成本核心**，即有哪些面是重要成本所在，在这些面采取降本措施可以带来真正的成果
- 找出每个主要成本核心的关键**成本点**（cost points）
- 将整体经营业务视为一个**成本流**
- 把"成本"定义为顾客付出的代价，而不是法律或税务上的会计单位发生的费用
- 根据成本的基本特性对其分类，据此生成一份**成本诊断**（cost diagnosis）

典型的成本核心

企业及其经济流程的成本核心在哪里？真正值得努力控制的成本在哪里？换句话说，在哪些地方你只需稍做成本改善就能显著降低企业的总成本？同样，在哪些地方即便你大刀阔斧削减成本也不会对经济绩效的总成本产生太大的意义？

表 5-1 分析了寰宇产品公司的成本核心，这些数据难免有些粗略，它们只是为了指引我们可以在哪些方面做更深入的探究。

表 5-1　寰宇产品公司：总产品和成本结构

顾客支出金额	100%
I.　原材料和商品的实物移动	
（a）从原材料供应商到工厂，从仓库到机器并经过工厂各环节	6%
（b）成品从机器经过打包、装箱、运输、仓储到批发商	6% ⎫ 17%
（c）由分销商分销（批发和零售）	6% ⎭
II.　销售和促销活动（制造商、批发商、零售商）	8%
III.　制造商的资金成本——包括流动资金、利息费用、折旧、设备维修费（仅限于制造商）	13%
IV.　分销商的资金成本（粗略估计）	6%
V.　制造——从原材料转化为产成品	9%
VI.　已采购原材料和辅料	25%
VII.　管理、行政和记账（制造商、批发商、零售商）	10%
VIII.　对明天的投资——研究、市场开发，高管培养等	2%
IX.　制造商、批发商和零售商的税前利润（原材料供应商利润未知，故不包含其中）	10%

注：此处是对实际分析的简单再现，实际分析显示的是数字范围而非绝对的数字，比如，原材料的实物移动费用占比是 13%~19%，而不是 17%

（制造商和分销商）的**资金成本**以及**原材料和商品的实物移动成本**（ *physical movement of materials and goods* ）占总成本的 36%，或占扣除原材料成本后所有成本的一半以上。这种成本结构颇为典型，但企业往往意识不到这两个领域也是成本核心。

金融分析师可能会反驳，资金成本实际上远高于表中显示的数字，它可能包含了表中显示的大部分利润，而这些利润实际上是支撑企业经营的资本成本。这个立场也有可取之处——如果接受这个观点，资金成本就会变成所有成本核心中最大的一部分。

资金成本始终是一个主要的成本核心。这也是最有可能改善且最有可能产生实质成果的成本区。照理说，加快资金周转（turnover of money）比拼命提高一点点利润率要容易得多，然而，美国企业的管理者们直到近几年才开始把资金管理当回事儿。事实上，这项工作也就是近来才被列为一项重要的管理职能，需要有高管负责，而且必须是全职负责。

此外，最适合企业经济状况的财务结构是什么样的？如何将"资金"这一最昂贵的"原材料"用在刀刃上？企业也没有认真考虑过。通常情况，至少在美国，企业会利用股权资本（equity money）从银行获得贷款，虽然谁都知道从银行贷款中得不到股权收益（equity loan）。

> 就在几年前，美国一家颇具规模的生产番茄、豌豆及玉米等季节性罐头食品的加工企业，还全靠股权资本来筹措资金。但是，蔬果成熟后就得加工成罐头，然后一年中的其他时间这些罐头都得放在货架上。换句话说，股权资本变成了商品，并且在若干个月里处于闲置状态，而公司原本可以轻松获得按通行的最低利率发放的银行贷款。结果，这家公司种植蔬果的产量越大，它的利润就越薄，直至快被自己的"累累硕果"压垮。

同样，我们经常看到企业利用永久性债务来满足纯粹季节性的需求，比如那些应付库存波动的长期票据。如此一来，这些企业必须为只使用两三个月的资金支付全年的利息。我们还常看到许多企业都是"拥有房地产的穷人"，它们的大量自有资本深陷房地产之中，而这些房地产带来的收益微乎其微。这些企业根本不该拥有这些房地产，就算要买，也应该利用常规的抵押贷款或者保险公司的资金才对。

总而言之，任何教条式的财务政策都可能是错误的。"我们不赞成借钱"的说法与"我们能借一分钱是一分钱"的说法都不对。正确管理资金的方法应该是先认真摸清企业的经济状况，再采用相应的融资方式。没有什么代价比错误的财务结构更昂贵；也没有什么像错误的财务结构那样，总是会被传统的成本计算方法完全掩盖并且丝毫不受惯常的"降本运动"的冲击。

然而，企业的资金成本也常常因一些经济误导性的记账规则（尤其是税收法则）而被夸大。比方说，资本投资和运营费用之间的税收差异会产生隐性成本。这是一种法律上而非经济上的区别。从经济角度来看，资本投资可被视为未来预期收入的现值；而维护和折旧费用在本质上不过是对这些资本投资的分期支付。因此，无论成本核心的总成本是利润表中的运营费用（如维护费用），还是资产负债表中的资本投资——换句话说，无论这个成本核心是以成本项目显示的，还是以资产项目显示的，都始终是其相关活动的所有成本。哪个使资金成本（含税）最低，哪个才算得上唯一合适的标准。

上述结论是无法从表 5-1 中的数字分析中推断出来的。

然而，这些结论也带出一个疑问：企业为其分销商提供的资金支持是否太多了？虽然我们不能确定实际情况以及这是否与公司目标相符，但这是一个问题。

　　分销（distribution）向来是一个主要的成本核心，却常常会被忽略。一个原因是，在整个经济流程中分销成本是由所有企业分摊的。在此流程中，两家企业之间会产生颇多分销成本，却引不起它们的重视。另一个原因是，企业的分销成本在许多地方往往表现为隐性成本，而不是与某项主要经济活动一起合计为总成本。货物移动及存储是同一分销活动的两个部分，而这两样成本可能以"杂项"分散在许多名目中。

　　例如，在工厂内部，从产品制成（即产品离开机器的阶段）到运抵某顾客方，这中间会产生成本。这些成本包括切割、贴标签、包装、存储和移动，它们一般会被当作"间接制造费用"，没有人真正对这种活动担责。而工厂之外的存货则常被当作"流动资金"，其成本则被视为一项"资金成本"。

　　分销成本可能远比制造成本更容易受到降低和控制成本措施的制约，只是企业在降低分销成本方面下的功夫太少了。

　　例如，在许多企业中仓储都是一个相当大的成本点，这有些像军队的后勤系统。在某些行业中，仓储成本在顾客支出的总成本中占到 8% 甚至更多。哪怕是在现代机械化程度最高的仓库，人工也占到仓储成本中的大头。在多数仓库中，人工成本几乎是企业实际所需的 2 倍，而拥有和管理这些仓库的企业还在为自己在工厂中实施的工业工程设计自鸣得意。它们仍旧沿用老一套的班组制，让三四个人一起去干实则只要一个人就能干好的事；例如从火车或卡车上往下卸货，因为车厢里只能容下一个人，班组里的其他伙计只好袖手旁观。在班组制中，工人有40%～60%的时间都站在那里等活儿干。

对于发生在工厂里的这种浪费现象，我们早该发现并加以纠正了。

原材料（raw materials）差不多一直是制造企业最重量级的一个成本核心。如何改善这个成本？企业可以向高效的大型零售商学习，学习它如何找寻、挑选及采购那些将要转售的商品。仅仅采购到物美价廉的原材料还不够，因为原材料对成本的影响如此之大，它们应该成为产品设计的一部分。制造企业相当于原材料或零部件的分销渠道，原材料必须与其产品相匹配，而设计产品也应考虑与现有的原材料相匹配。二者相辅相成，原材料就能带来最佳的产品效果，还能在制作和分销过程中保持最低成本。

当人们提及"物料管理"而不是"采购"时，他们心里想的就是上述概念。现在有很多技术可用于这项工作。比如价值工程（value engineering），其任务就是研究产品的各个部分，然后提出问题——"用什么方法做这件事的成本最低并且最简单？"有些大买家（如汽车厂家）已经对物料管理驾轻就熟了，而且已经将设计和采购整合在了一起。但是，大多数制造商仍需学习大型零售商三四十年前就已谙熟的道理：采购和销售同等重要；销售再优秀也弥补不了平庸采购带来的损失。

相比之下，制造成本——对某些物质的成分、形状、结构或外观进行物理改变所产生的成本，反倒不是主要的成本核心。

制造（manufacturing）是一个系统地、持续地致力于控制成本的领域，长期以来这一直是工业工程的主攻领域。在大多数行业里，真正的制造成本在总成本中的比例早已微不足道，因此若想大幅削减成本，企业就得在制造技术上真正有所突破。

这种突破可能源自整个制造流程的一个重大变革，如自动化，即提高制造工作本身（在物料移动与生产操控上，以及在信息和流程控制方面）的机械化程度。

但是，这种突破也可能反向而行，即降低流程的一体化，转而增加其柔性。许多加工行业（如铝制品轧制或造纸）通过将制造环节与最后的精加工环节分离，取得了真正的技术突破。例如，铝制品轧制厂把铝制品的轧制与切割、上色与成型彻底分开。同样，一家大型造纸厂，通过将纸基原材料的生产与最后的加工环节（如涂布、切割等）分离，也取得了重大技术突破。在这两个例子中，过去以成品形式出现的库存现在是介于制造与最后精加工环节之间的半成品物料，从而大幅减少了总库存需求，并且大幅提升了企业的能力，来更好地满足顾客对品级和交货的要求。

有时，最显著的突破是关闭某个工厂，哪怕它"良好如新"。这么做可能是因为其规模不合要求，也可能是因为选错了厂址，总而言之，它可能已经不再符合企业的发展需要了。

最有效的降低制造成本的方法，也许是根据其经济特质来规划制造流程，而非因循守旧。造纸厂在规划造纸流程时，通常考虑的是如何才能充分利用纸浆，但纸浆只是造纸的基本原材料之一。热能也是很费钱的；有些化学制剂能使纸张变白或不透光，使其表面更易印刷，这种化学制剂也是很贵的。如果在规划造纸流程时，不再只盯着如何保持最低成本，如何以最快速度改变纸浆形态，转而围绕着如何能充分利用热能和化学制剂，那么造纸业的经济效益就会显著增加。同理，其他行业的企业也可以用同样的方式来重新思考所在行业和制造流程的物料管理问题，并以此为中心来规划制造环节。

总之，任何一家公司或管理完善的工厂如果没有上述突破，那么它在制造环节中的降低成本措施就难见成效。然而，训练有素的工业工程师通常却将着力点集中在降低制造环节的成本，许多管理者也以为他们靠监控制造成本比率（manufacturing cost-rations）的日常波动就能控制成本。

成本点

所谓成本点，是指某个成本核心中少数几项产生大部分成本的活动。此处的假设依然是企业的大部分成本都是由少数几项活动带来的。主要成本点上的活动自然会引发某些需要处理的事务，而这些事务是我们分析任一成果区时计算成本的基础。（见第 2 章和第 3 章。）

我们从表 5-2 中可以看到对寰宇产品公司主要成本核心的分析。

表 5-2　寰宇产品公司：成本点

主要成本核心	成本点	在成本核心的成本中所占的比例（%）	在顾客支出中所占的比例（%）
Ⅰ. 原材料和商品的实物移动	1. 厂内和各厂之间运输	15	2.5
	2. 外部和工厂之间来回运输	26	4
	3. 在发货间和仓库实施的操作	24	4
	4. 打包和装箱	20	3
Ⅱ. 销售（制造商、批发商、零售商）	5. 销售人员	62	5
	6. 促销	25	2
Ⅲ. 资金成本	7. 制造商的产成品存货，特别是仓库中的存货	23	3
	8. 应收账款	20	2.5
	9. 利息	9	1
Ⅳ. 资金成本（分销商）	10. 分销商的存货	25	1.5
Ⅴ. 物料	11. 物料 A	20	5
	12. 物料 B	20	5
	13. 包装材料	20	5
Ⅵ. 行政管理	14. 订单处理	33	3
	15. 赊销与收账成本	20	2
总计			48.5[①]

①因此，在顾客支出的每 1 美元中，上述 15 项活动约占 0.5 美元，而这 15 项活动只是几百项活动的一部分。

在这些结果中，有些是管理层预料到的。例如：

项目	在顾客支出中所占的比例（%）
4. 打包和装箱	3
7. 制造商的产成品存货	3
11. 物料 A	5
12. 物料 B	5

但是，大多数结果十分令人意外。以下成本尤其令人不安，大大出乎所有人的意料。

项目	在顾客支出中所占的比例（%）
3. 在仓库实施的操作	4
7. 仓库中的存货	3
8. 应收账款	2.5
10. 分销商的存货	1.5
13. 包装材料	5
14. 订单处理	3
15. 赊销与收账成本	2

还有一点，人们一直觉得第 6 项促销费用居高不下。事实是分销商们把促销的任务留给了制造商，而制造商原指望分销商应该投入与它对等的工夫。尽管应收账款的规模早已为人知晓，但它们与库存的关系证实了人们的一个疑虑，即公司实际上不仅为自家产品的分销提供了经费，还为分销商本身提供了经费，而这肯定是没有回报的。订单处理和赊销与收账成本也很高（第 14 项和第 15 项），这就说明公司分销系统在根子上出了问题。

第 13 项包装材料着实令人瞠目。这是一个根本没被注意的主要成本要素。所有其他原材料都是由采购代理商采办的，而包装材料则是市场营销部门的包装设计者负责的。他们显然没有重视包装的成本，也不关心要按低成本、便于运输、装卸及存储的原则设计包装（如处理产成品的费用所示）。

在某些重要领域，这种分析可以让企业立即采取行动。例如：

对运输成本的分析可谓立竿见影，它使运输成本总额降低了近 1/3，几乎省去了工厂之间的运输作业。

几乎占到总成本 10% 的仓储和库存成本也大幅降低了。人们发现，与大量的老式小仓库相比，少数几个现代化仓库提供的服务更快捷也更便宜。因为现在仓库可以提供日夜服务，分销商几乎无须持有库存。

应收账款大幅减少，订单处理、赊销和收账成本大幅降低。与此同时，销售工作的成效大幅提高。公司在分析了成果区后知悉，虽然公司的经销商系统有 10 000 个独立零售商，但是近 80% 的销售额都是由最大的 2000 个零售商贡献的，其余 8000 个零售商的成本占市场实际供货成本的 80%。因此，若想有效控制成本，就意味着要对 3000 个零售商采取一些措施，这些零售商每家每年销售的公司产品最多也不过 3000 美元，这些销售额加起来在公司总销售额中所占的百分比也就 5%～6%。但是，这项分析引发的研究活动侧重于运输、库存、应收账款和行政管理等主要成本点，并且发现一些小零售商在这些领域的成本几乎占到了 40%。它们占了公司总应收账款中的大头，亦即公司不得不赊货给它们。由于它们订购的产品数量很少，这与它们产生的运输成本和订单处理成本不成比例。说它们曾经是赊销和收账成本，无可厚非。

公司现在对这些小零售商采用现收现付制（cash-with-order），销售人员不再去拜访它们。取而代之的是通过寄邮件向它们兜售产品，只有它们要求邮购的产品达到最低数量，公司才接受订单，并收取全额运费，然后从离它们最近的仓库发货。这么做了三年，交付产品的总成本降低了 9%，与总制造成本相当。应收账款几乎全部消失，赊销和收账成本也消失了。但小零售商的购买量只降了 1/3，这个数字大约占总销售额的 2%。因为销售人员不再被迫耗费 1/3 的时间去拜访那些不能带来价值的客户，他们就可以把精力和时间集中在那些有销售机会的大零售商身上，因此实际销售总额反倒增加了。

但是，把每个主要成本点当成单个问题来解决仍然不妥。任何一项成本点分析总会带出构成一个体系的各项成本。可能要在不止一处投入必要的工夫，并且要为之投入费用，哪怕它们带来的成果截然不同。

例如，在寰宇产品公司，即使将库存保持在较高水平，也完全有可能将总成本保持在较低水平。这么做会提高制造环节的效率，比如，在全年中按照均衡节奏来安排生产进程，就可以避免企业因生产波动带来的成本，甚至可能让一家相当规模的工厂避免为应付需求高峰产生固定和运行成本。但是，库存量较大带来的成本也可能比生产节奏不均衡带来的成本高得多，而这会产生纯粹的浪费。

只有将物料的整体流动和存储作为一个系统来研究（研究运营或系统工程的人完全有能力担当此任），企业才清楚降低的制造成本能否抵消较高的库存成本，以及降到什么水平才能抵消较高的库存成本。

同样，一家公司完全有可能采用大量库存、快速交货，尤其是自由赊销和收账的政策来向零售商"促销"其产品，而不是直接向消费者大力推销。但分析显示，对寰宇产品公司的小零售商而言，这种政策没有效果，因为小零售商创造的价值与公司在其身上的投入不成比例。那么大一些的商家呢？为了花最少的钱取得最好的促销成果，也许公司应该更卖力地去为它们服务，为它们提供资金支持才是。

对于顾客自己从货架上取下来的商品（如包装商品），面对面的直接推销即便起不到决定性作用，肯定也是很有效的。但是，一个离家去上大学的学生在购买便携式打字机时，更多听从的是像经销商和推销员这种"行家"的建议。只要顾客以前听说过这个品牌，他就会接受经销商为他做的决定。所以，给经销商更大折扣或为它们提供资金支持，可能才是推广此类商品最有效也最划算的方式。这也说明了为什么最近几年德国某品牌的打字机虽然很少打广告，却在美国市场获得了巨大成功。

因此，得把每个主要成本点都视为成本流的一段。在为某成本点订立每一项活动方针时，都必须用这个问题来检验：这么做将对其他面的工作成本带来什么影响？制造活动就其本身而言，没有"廉价"或"高效"之说，所谓"廉价"或"高效"是针对制造活动带给顾客的产品或服务而言的。要理解各项成本之间的关系，可以做到次优化（suboptimization），但不能顾此失彼，不能为了控制和降低某一个面的成本，而增加其他面的成本，牺牲其他面的效益。最好的做法是在各项成本之间有些折中方案，比如可以放弃在某一个面的显著成本优势（甚至承受较高成本），以便在其他面获得较大的成本优势，从而大幅降低整个流程的总成本。⊖

⊖　在非常复杂的系统中（如某种重要的新型导弹或宇宙飞船），可以用广为人知的工具通过视觉和数学手段来处理这种关系，像 PERT 和 PERT / COST 系统（PERT 代表计划评审技术）就特别适用于分析时间和成本上的折中方案。

成本类别

主要成本点可分为四大类别：

（1）**有效益成本**（productive costs）是企业为给顾客提供（顾客想要并愿意为之付钱的）价值而投入工夫所产生的成本。真正的制造成本属于这一类，还有促销成本也是。知识工作和资金工作的成本也包含其中，还有销售成本。如果包装能让某个产品脱颖而出，其成本也在此列。

（2）**支持性成本**（support costs）这类成本虽然本身不提供任何价值，在流程中却难以避免。运输成本是这类成本的代表。行政管理中的订单处理成本亦属此类，产品检验、人事工作或会计工作等产生的成本也划归此列。在"理想化的经营理论"（ideal theory）中，这些活动可以忽略不计或视为间接成本。可在现实中，它们耗费的工夫不比机器运转过程中摩擦损耗的能量少。

（3）**监察成本**（policing costs）这类成本出自某些为了防止错误发生的活动，而不是为了完成某个任务。所有企业都需要早期预警系统，比如当某个产品的销售结果未达到预期时，或者当公司的技术不再具有竞争优势时，预警系统要能提出报告。其他一些与监察有关的成本也属于这个成本类别，如对供应商或经销商的监察。

（4）**浪费**（waste）是劳而无获的成本。

最昂贵的浪费是"空耗"（not-doing），例如机器停工期间，在维修工到来之前或新的生产批次启动前，每个人都得干等。熔炼一炉铝合金后，每个人都得等熔炼炉充分冷却才能去清洗它，然后再来准备熔炼下一炉不同的合金。油轮从美国东海岸空返回波斯湾就是空耗；香蕉专运船从鹿特丹空返回厄瓜多尔也是空耗；150 座的喷气式飞机停在飞机库里或只载着 15 位购票的乘客飞行也是空耗；还有货轮在港口花 5 天的时间装卸货物（其实它只有在载货船运过程中才有钱赚），这些都是空耗。

这些概念与道德无关，而与经济有关。必须承认，从科学的角度来看它们远谈不上精确。但是，由于这样的分类方法将主要成本点与成果联系在一起，使之（主要成本点）得以区别开来，所以它是很有必要的。对每一个成本类别需要做不同的分析，需要用不同的方法来控制成本。

在分析有效益成本时，该问的问题是：怎么做才是最有成效的？怎么才能最节省工夫和费用却产出最多成果？

这正好可以用到第 4 章中描述的增量收益成本的概念。当有效益成本上升至某个点时，每增加一个单位的额外投入，它所带来的收益增量都会急剧减少，这时就不应再提高有效益成本了。

这意味着有效益成本根本不可能作为"成本"来控制。要想控制它们，企业必须将资源集中在机会上，它需要的是"成果控制"，而不是"成本控制"。

因此，有效益成本的衡量标准始终应该是企业投入资源的生产率。衡量有效益成本要看投入三种关键资源（人力、时间和资金）获得的成果。前面章节对成果区及其资源配置进行了分析，成本控制为这一分析增加了生产率的度量：以每一美元的雇员薪资的产出和利润，来衡量人工生产率的成本；以每人每小时和每台机器每小时的产出和利润，来衡量时间生产率；以所用的总资金中每一美元的产出和利润，来衡量资本生产率的成本。将

资源聚焦于机会，是控制有效益成本的唯一有效方法。⊖

支持性成本总是先得证明自己是必不可少的。我们始终要问："如果什么都不做，我们会承受多大亏损？"答案若是"这个亏损低于最低支持性成本"，那么最好还是承担偶尔亏损的风险来省掉支持性成本。我们绝不应为了赚 1 美元而花去 99 美分还不止，更何况这 1 美元还没有十足的把握赚到，就算十有八九能赚到，为此花 99 美分也太多了。

　　前面提到的寰宇产品公司控制分销成本的举措是一个好例子，可以用来说明如果对支持性成本不加控制将是何种局面。3000 家最小的零售商被列入现收现付制的邮购名录后，成本的确显著下降了。但是，维系这些商家的成本仍高于它们可能带来的回报。即使以现收现付制邮购产品，一个小零售商也令寰宇产品公司花费不少，维系这些商业网点的总成本必定高于它们可能带来的销售利润。就算完全放弃这些不尽如人意的网点，销售额可能都未必会受影响，因为那些大零售商带来的更大订单是有利可图的，十有八九能迅速弥补公司的损失。

如果不能一下子把支持性成本全部砍掉，我们要问："那么我们最少得投入多少成本和工夫才能撑下去？"

支持性成本中的"最小投入"法则总是会引导企业去重新设计和组织各种活动。

　　⊖　对这些成本的预测应该以产出的"附加价值"为基础，而不是以销售总额为基础。原材料利用率是一个重要因素，而原材料的生产率是锦上添花，它表示的是单位物料带来的销售额和利润。

在制造和分销企业中，最大的支持性成本或许是物体搬运和移动的成本。即使在没有实体货物可移动（如金融和服务业）的行业，也有文件、保单、支票和账单等实物的搬运、移动、存放和邮寄成本，这也是一个较大的成本核心。然而，极少有企业对物体搬运和移动的成本有一星半点的认识。许多企业连自己有货运开销都不清楚，要知道货运支出可是要直接花现钱的。

为了控制运输成本，企业应该将整个物料流程当作一个实际存在且有经济意义的系统，在这个系统中，最小的经济投入应能创造出最大的物质绩效。整个工作——从物料离开机器，到装箱、打包、贴标签、运输、仓储，保管等环节，直至最终抵达顾客家中或营业场所——都应被看作一个一体化的流程，并进行相应的分析。

企业得以用尽可能最低的成本完成这个流程，并为流程中的各方（制造商、批发商、零售商和顾客）带来最大的经济价值。

上述任务当然不能一蹴而就。不过我们今天的确已经有完成这项任务的工具（特别是管理科学）。凡是我们功夫下到的地方，也都已经取得了显著的成果。

对待**监察成本**的最好办法是不去监察。在此，我们要问的问题是一样的："不监察造成的损失会比监察带来的成本更高吗？"如果答案是"不会"，那么我们最好不要监察。如果做不到这一点，就遵循"最小投入法则"，一般可选取少量但有统计效度的样本来实施监察并采取预防措施，而不是巨细无遗地逐一检查和监督每个事件或事务。

许多企业已将这种方法用于库存控制或质量控制。它们以不损害企业期望的成果为前提，对未能履约的状况设定了可接受限度：顾客所能容忍的产品质量底线、履行交付承诺的底线以及生产进度的底线。然后通过监察小样本来进行掌控，如此，工作量和成本自然大幅降低。

如果用小样本统计方法来控制监察成本，最简洁的方式也许是找一项怎么都得去完成的活动，这项活动会对诸多方面加以控制和审核。就算不这样，这些方面原本也是要接受监察的。

例如，某大型船运公司以投诉处理量作为整个货运业务、码头和中转站，以及旅客服务的质量控制标准。

每当货物受损、延期交付、投错地址，旅客就会索赔；旅客受到伤害或个人物品受损也会引起索赔。如果公司的目标就是以最低成本来解决索赔问题，那么可以为其设定一个简单的统计标准，这样，95%的索赔就不再需要调查。

然而，在这家船运公司，对索赔的调查被当成一切运营活动的质量控制标准。它背后的理论是（后来的情况也充分证明了这一理论）：在航程中，不管船开到哪儿，只要货物或旅客有闪失，都会很快引发索赔。因此，只要不放过每一桩索赔，每一个运营纰漏就尽在掌握。而且相比于对整个运营活动质量控制所需的统计工作量，就算把所有索赔处置工作量加起来仍是一个小样本。

这个例子也说明，要想真正有效地控制监察成本，企业需要做研究，还需要做艰苦持久的工作。普通的成本控制方法在这里不管用，相反还可能推高成本。而在"降本运动"中，管理层最喜欢做的就是事事监察、事事设阻。

"空耗"的高成本

浪费不怎么需要分析。哪项成本产生不了成果，通常都是明摆着的。至于我们能否加以改善则另当别论。

但是，浪费往往很难发现。空耗的成本很容易被埋没在财务数字里。

当然，空耗不像油轮空驶返航或喷气式飞机空载飞行那么明显。但多年来，船运公司并没意识到它们的主要成本不是运载货物航行的成本，而是船只停在码头期间的时间闲置成本。停在码头的时间一向被视为"间接费用"，因此设计和管理船只的重点曾是如何以较低的运营成本在海上快速航行。但是，削减已经低无可低的航行成本，其结果是导致港口停泊成本更高、装卸速度更慢、港口货物周转时间更长。

试图将空耗成本理解为用于某一模式中的"最低经济批量"（minimum economical run，是指为了充分利用机器产能，一个生产批次所需制造的件数和所需小时数），这种认识从整体而言不够全面。这些财务数字表达的仍是"有所事事"，而不是"无所事事"。每当生产从一种模式或状态转变到另一种模式或状态，运行中断及生产率降低的现象在所难免，而从这些财务数字中几乎看不到企业常常为此付出的高昂代价。就像用来生产铝合金的熔炼炉需要冷却和清洁，在此期间企业花大价钱买来的整套轧制设备和所有雇来的工人都得无所事事地等着。从这些数字中也看不到设备利用率的差异。

例如，某特种铝合金和另一种铝合金的生产都会用到轧制设备，但这一特种铝合金几乎用不到精加工设备。因此，会计部门可能设定这一特种铝合金的成本低30%，并依此进行定价。实际上，尽管在轧制这一特种铝合金时，精加工车间无所事事，设备处于闲置状态，但它的成本仍在发生；而且精加工部门的人在企业人工中占了大头，因而成本也是最高的。而这种空耗引发的成本在我们平时可见的财务数字中得不到反映。

浪费带来的成本在所有企业中都居高不下。毕竟人的效率不是非常高。因此，为了发现浪费现象，企业总是需要额外下一番功夫。

空耗带来的高成本还会通过会计数字本身显现出来。只要"分配制造费用"或类似费用达到总制造成本的1/3或更高，我就怀疑里面暗藏着高昂的浪费成本。还有一个警示信号是某产品在会计数字中显示的成本份额与根据它引发的事务处理量计算出的成本负担份额之间差距太大。

发现浪费现象的最佳方法是去寻找它。切记要问：我们正在哪些地方为空耗和毫无成果的活动花费了人力、时间和资金？

对于那些造成浪费的活动，唯一明智的做法就是甩掉它们。

有时这几乎不费吹灰之力。在前面举的例子中，总共 10 000 家零售商中，有 3000 家是可以甩掉的，这样便能消除空耗（在此例中指什么都卖不掉）的高成本。

但是，许多浪费之举很难消除。有时必须大动干戈，重新规划整体业务才能做到；更多时候，它要求企业在操作惯例、设备和规章制度上做出彻彻底底的改变。

> 例如，要让空空的客机坐满买了机票的乘客，航空公司需要重新设计航线或票价结构，或开展大型促销活动来吸引一批不同以往的新客群。要减少机器的停机检修时间，工厂可能需要采用预防性维修保养措施或全新的排产系统，以及新式库存方法。要缩短货轮在码头停泊时浪费的时间，船运公司可能需要把杂货船重新设计为一个在航行过程中理货的货场，等等。

上述做法完全不在传统的成本控制和成本削减方法之列。它们需要企业持久的、大量的投入。事实上，许多代价最高昂的浪费往往是在一家企业的“受限之处”发现的，因此这里就有巨大的潜力可挖，需要将其转化为机会。

大多数成本削减连浪费现象的边儿都没沾到，更不用说全面削减成本了。然而，在每一家企业中，浪费都是一个真正的成本核心。

成本管理与前几章所述的成果区管理和资源管理一样，也应采用有系统、有组织的方法。要解决什么难题，在何处下功夫，达到什么目标？从对成本流的这些分析中得出的结论，应该成为全盘理解企业的一部分，并成为使企业充分发挥成效的综合方案的一部分。

顾客即企业

对企业的分析（也就是分析其成果区、收入、资源配置和领先优势、成本核心与成本结构）回答了"我们现在做得**如何**"的问题。但是，我们怎么知道自己在做正确的事情呢？换言之，我们企业经营的是什么，我们企业应该经营什么？这个问题呼唤的是一种不同的分析，一种从外部视角看待企业的分析。

企业经营是一个过程，在这个过程中，企业将一项资源（独特知识）转化为一种贡献，为市场带来经济价值。企业经营的目的⊖是创造一种叫"顾客"的人，是向一个独立的外部人提供某种他本来也可以选择不买，却愿意用自己的购买权来交换的东西。不管哪家企业，唯有知识（完全垄断的情况除外）方能赋予其产品以领先地位，而这是企业成功和永续之所寄。

从内部来看，很难发现一家企业因何让顾客为它付钱，所以从外部做些尝试，系统地来审视我们自己的企业就变得很有必要。

⊖ 我在《管理的实践》（*Practice of Management*）（纽约和伦敦，1954 年出版）中首次提及，此处再次提及。

美国无线电公司（RCA）这样久历世事的公司，在20世纪40年代初涉厨房电器业务时，深信消费者会认可并接受贴有RCA商标的冰箱和电子灶，毕竟RCA在收音机和电视机市场已是一个消费者驰名商标了。在制造商看来，收音机和电视机算是与厨用电子灶差不多的"家用器具"；可在消费者看来，它们却是类别完全不同的商品，承载着不同的价值内涵。市场对RCA商标的接受度并没有从收音机传递到电子灶，最后RCA不得不退出厨房电器业务。其实，RCA商标原本很有希望（实际上极有可能）在录音机和照相机品类得到消费者认可。然而，在制造商眼里，收音机和照相机是完全不同的商品。

类似的例子不胜枚举。制造商眼中的同一个市场或同一类产品，在顾客看来往往是毫不相关的市场和产品，带来的是不同的满足感和价值。

很难指望企业内部的人认识到他们自己的独特知识，因为这在他们看来是天经地义的事。想要知道某件事怎么做，可以说并没什么难的。因此，企业内部的人往往会不假思索地以为自己的知识和特殊能力算不上什么，其他人其实也都具备。能凸显在他们眼前的都是些让他们觉得棘手的事，对这些事他们不是特别擅长。

有一家高度多元化的大型企业，其业务涵盖化工、制药和化妆品领域，它十分善于发现、培养、凝聚一群自主意识强、富有进取心的事业部主管。这些主管都是专业经理人，而且都是一步一步晋升上来的。然而，他们在管理自己的事业部时，俨然把其当成自己的企业，每个人都唯恐其他事业部的人侵犯到自己的利益，他们的确也把某些事业部视为危险的直接竞争对手。不过，这些主管中的每一位倒是都与人少精干的高层管理团队打得火热，而且只要遇到与整个企业有关的事，他们都能像一个和谐的团队那样相互扶持。那些困扰其他类似企业的问题（比如没有哪个事业部主管甘愿把手下得力干将拱手让给别的事业部）在这群人中是不会发生的。纵然如此，他们也没有谁能说服高层管理团队相信，他们正在做的事不同寻常。

在这方面，西尔斯公司也是一个不错的例子，不说别的，能如此审慎分析自己的公司在美国还真不多见。

外部人看得似乎很清楚，西尔斯公司最重要的知识领域是采购——做出正确的商品规划，筛选正确的商品类别；选择货源（若有必要，在自有工厂或合作工厂制造）；当然，店面位置、建筑和设计的筛选也不能等闲视之。但这些并不是西尔斯公司的人自己看重的知识领域。无论是公司内部小组讨论还是在公开场合说起，他们强调的都是售卖。外部观察者很难看出西尔斯公司的售卖有什么独到之处，它与其他大型商家的售卖并没有明显差别。西尔斯式传奇故事的主角始终都是某个店长，那些顶尖职位似乎总是更青睐曾经当过店长的人，而不是有采购或店铺规划背景的人。

我并不是说企业内部的人在评估自己所经营的事及其所得回报时注定

是错的，而是他们不能想当然地认为自己就是对的，至少得对自己的判断做个验证。

市场现实

这一切对做企业的人来说都不算什么新闻了。"市场营销观"已经被大肆宣传了十余年，它甚至博得一个很炫的名称——整体营销（the total marketing approach）。

并不是所有冠以此名的事情都配得上这个称呼。"市场营销"已然是一个时髦的词语，但是殡葬人员即使被称为"入殓师"，挖坑的照样还得挖坑，只是丧葬费用增加了。许多销售经理改换名头叫"市场营销副总裁"，随之而来的不过是成本和薪资双双上调罢了。

今天许多所谓的"市场营销"充其量不过是有组织的系统化销售活动，其主要工作就是协调整合——从销售预测到仓储与广告宣传。这么做固然有好处，但其出发点仍然是我们的产品、我们的顾客、我们的技术。出发点仍在内部。

即便如此，我们还是颇费了一番工夫来了解市场营销分析之于一家企业的意义何在，以及如何做市场营销分析。

首先，来看看我们最有可能遇到的一些市场营销现实：

（1）企业内部的人以为自己很懂顾客和市场，这种想法实在是谬以千里。真懂顾客的唯有一人，即顾客自己。我们只有请教顾客、观察顾客、努力理解顾客的行为，才能看清他是谁，他做什么，他怎么买东西，买来东西怎么用，他期待什么，他看重的价值是什么，等等。

（2）顾客很少只是因为你想卖他们就买。原因之一当然是谁也不会为一个叫"产品"的东西花钱，能让他们花钱的是满足感。但是，谁也无法制造或者提供这样的满足感，顶多只能出售和交付获得满足感的手段或工具。

　　每隔几年，某个初入广告业的新人就会因再次发现这个法则，一夜之间成为麦迪逊大道[⊖]的红人。有那么几个月的时间，他将公司管理者告诉他的产品信息及其优点抛在一边，转而奔向顾客，直接问他："你找的是什么？这个产品可能有你要的。"这个套路从未失灵过，倒不是因为多年前人们打着"谁有，就去问谁"的口号来推销某款汽车，而是因为它蕴含了对顾客满足感的承诺。但是，让制造产品的人认识到他们生产和销售的只是满足顾客需求的工具，而不是满足感本身，这简直是太难了。人们总是转眼就忘了这个道理，直到麦迪逊大道的下一个红人再度将它拾起。

（3）上述做法的一个必然结果就是，那些被制造商视为直接竞争对手的产品或服务，并不足以界定它到底在竞争什么，以及在与谁竞争。制造

⊖　纽约曼哈顿的一条著名大街，美国许多广告公司的总部都集中在这条街上，因此这条街逐渐成为美国广告业的代名词。——译者注

商看到的竞争产品或服务好像很多，其实远远不够。

豪华轿车，如劳斯莱斯（Rolls Royce）和凯迪拉克（Cadillac），显然不是平价汽车真正的竞争对手。然而，尽管拔类超群的劳斯莱斯和凯迪拉克可以作为交通工具，但人们花钱买它们主要还是因为它们能带来身份上的满足感。

由于顾客买的是满足感，因此所有产品或服务实则都是在跟看上去截然不同的东西激烈竞争，它们的功用貌似完全不同，制造、分销、销售的方式也迥异，但殊途同归，它们给顾客带来的满足感是一样的。

例如，跟凯迪拉克争夺顾客钱包的是貂皮大衣、珠宝首饰、去豪华度假村滑雪，以及别的给他们带来身份上的满足感的东西。这个道理普通大众和商界人士都能明白，只是这样的例子不多。

这就像保龄球设备制造商的主要竞争对手也不是它的同行。它们是生产有形设备的，而顾客想买的是一项活动。顾客买东西的目的是要做什么，而不是拥有什么。因此，保龄球设备制造商的对手是其他一切休闲活动，它们争夺的是富裕城市人口快速增加的"可自由支配时间"——如划船和草坪护理；还有已经从高校毕业的成年人的继续教育（这是近 20 年里美国真正的增长型行业）。保龄球设备制造商最早认识到可自由支配时间是一个大有可为的市场，也最早推出一项新型的家庭活动，这就是它们在 20 世纪 50 年代发大财的原因。不过到了 20 世纪 60 年代，它们的财运陡降，这主要归咎于它们似乎将其他保龄球设备制造商当成了竞争对手，忽视了所有能给人们提供休闲活动并为之带来满足感的商家。它们显然没意识到其他活动正在侵占人们的可自由支配时间，在瓜分休闲市场；它们也没想过为某个在休闲活动市场已明显过气的产品再开发出某种后续活动。

然而，即使是直接竞争对手也常常会被忽视。例如，某些大型化工公司尽管有严密的行业情报，做起事来却好似天下没有它们可担心的对手一般。

20 世纪 50 年代初，第一批量产的塑料（聚乙烯）在市场站稳了脚跟，美国各大化工公司都看到了该产品巨大的增长潜力。似乎每一家公司都做出了几乎相同的、令人难以置信的增长预测，可又似乎没有哪家意识到自己一眼就能看到的东西，其他化工公司不可能视而不见。各家大型化工公司制订的聚乙烯扩张计划好似都基于一个假设，即别家公司不会扩大产能。的确，市场对聚乙烯的需求增长之快，连那时一些大胆到近乎不可思议的行业预报都没料到。殊不知因为每家公司的扩张计划基于的假设都是自己的新工厂能拿到全部新业务，结果就出现了当前的情景：产能过剩，产品价格暴跌，工厂处于半闲置状态。

（4）另一个重要的推论是，制造商或供应商认为的产品的最重要的特性——就是它们说到"质量"时所指的那些东西——对顾客来说可能并不是很重要。生产这个产品可能既费事又费钱，但顾客丝毫不会为制造商的辛苦所感动。他唯一的问题是（也应该是）："这对我有什么用？"

单是让做企业的人明白这个道理已经很不容易了，更不用说让他们接受了。若不信，我们以广告业为证。我们眼前的广告铺天盖地，都在强调生产这样那样的产品有多么复杂、多么费力，其永恒的主题就是"为了把它弄出来，我们的工程师都恨不能跟老天作对"。如果这真能给顾客留下什么印象，那说不定适得其反，顾客可能会说："这玩意儿要是这么难弄，十有八九不灵。"

（5）我们不得不假定顾客都是理性的。只是他们的道理出自自身的处境，未必也是制造商的道理。

假定顾客是非理性的（这种观点最近很流行）和假定顾客与制造商或供应商有（或应该有）相同的道理，都是十分危险的错误。

因为美国的家庭主妇在买食品和买口红时的消费行为判若两人，由此引发了大量伪心理学的无稽之谈。家庭主妇因为每周都要替家里采购食品，往往非常在乎价格，她会因为另一个品牌"优惠五美分"的特价，撇下自己最熟悉的品牌。购买食品时，她俨然一副"行家"的做派，像个家庭总管。可如果她买口红时也是这副做派，谁还愿意娶她呢？不在两个完全不同的角色上使用同一标准（二者都是真实的，不是假装的），是一个理性人唯一可能采取的行为。

制造商或供应商的任务就是要去探究：为什么顾客在用一种似乎不理性的方式行事？它们的任务是要么让自己顺应顾客的道理，要么就去改变这个道理。但首先它们必须理解并尊重顾客的道理。

（6）对市场而言，没有哪一个产品或公司重要到缺之不可。哪怕是最昂贵和最抢手的产品，也只是全部可选择产品、服务、满足感构成的组合的一小部分。就算顾客想到它，最多也只是略有心动罢了。顾客也不会把哪个公司或行业挂在心上。市场没有社会保障，没有论资排辈，没有老龄伤残退休金。市场是个无情的东家，就连最忠心的仆人也会被它打发掉，而且领不到分文遣散费。如果一家大公司突然土崩瓦解，雇员、供应商、银行、工会、公司所在地和政府会乱作一团，市场却不会激起一丝波澜。

做企业的人对此难以接受。自己做的事情和生产的东西在自己眼里不用说都是很金贵的。做企业的人必定会视自己的公司和产品为中心，可顾客通常丝毫看不到这些。

> 有几位主妇曾在后院隔着栅栏聊过她们洗的衣服有多白？在所有她们可能聊到的话题中，这个话题肯定排末尾。然而，不光是广告一遍遍宣传这个话题，肥皂公司的管理者也都认定自家肥皂洗得干不干净是主妇最在意的事，是她们一直关注的、总在比较的事，原因很简单，即他们认定肥皂的洗涤效果就是（而且理应是）主妇们真正关心和感兴趣的事情。

（7）到目前为止，所有表述都意指我们知道自己的顾客是谁。然而，市场营销分析却不得不基于这样的假设，即企业通常不知道顾客是谁，而是必须去把他们找出来。

不是"付钱的人"，而是"做出购买决定的人"，后者才是"顾客"。

制药行业的顾客一度是按照普通医生处方或自家秘方配药的药剂师。而今天，购买处方药的决定权显然在内科医师手里。但患者就是完全被动的吗？内科医师给他开什么药他只管付钱就对了？还是只对广告宣传的特效药感兴趣的患者（或者起码是普通百姓）才是主力顾客？药剂师真的完全丧失了他们先前的顾客地位吗？制药公司肯定不赞同这些问题的答案，而不同的答案必然带来不同的举措。

能够左右购买决定的顾客，一般至少可以分为两类——最终买家（ultimate buyer）和分销渠道（distributive channel）。

例如，某罐头食品加工商有两类主要顾客：家庭主妇和杂货店。除非杂货店给罐头食品加工商足够的货架空间，让其产品陈列出来，否则它们就无法被家庭主妇买走。这个加工商若以为主妇们只认它的品牌，为此宁愿跑去其他地方买它的罐头，也不愿买在货架上一眼就看见的另一个知名品牌，那么它就是在自欺欺人了。

最终买家和分销渠道，这两类顾客谁更重要？这个问题总是难以回答。比如，很多证据表明，虽然全国性广告表面上是针对消费者做的，实际上对零售商却是最有效的，它的确是促使零售商推广某个品牌的最佳方式。但也有大量证据表明，那些被称为"暗中说客"（hidden persuaders）的零售商哪怕得到再有力的广告支持，只要消费者对某样产品不买账，它就一件也卖不出去。

　　与找出"谁是消费品的顾客"相比，找出"谁是工业品的顾客"通常更复杂、更难确定。对机械动力设备制造商来说，谁是最终用户？谁是分销渠道？是机械制造商自家审批合同的采购代理，还是设定规格的工程师？抑或是机器成品的买家？虽然后者通常无权决定机器的哪些零部件（如电机启动器和电机控制设备）应由哪家制造商提供，但他几乎总有权否决任何一家供应商。上述三方都是顾客，可能还包括其他更多方。

　　每一层顾客都有不同的需要、欲求、习惯、期望以及价值观念，等等。你得方方面面都让他们心满意足，这样他们至少不会给某桩采购投否决票。

　　（8）可是如果某家企业或某个行业没有可识别的顾客怎么办？许多企业都没有一位或一群可以称为"我的顾客"的人。

　　比如一家包罗各种玻璃品制造的大型玻璃公司，它的顾客是谁？它可以将产品卖给所有人——从汽车仪表板照明用灯的买家到昂贵的手工吹制花瓶的收藏者。这种公司没有一个特定的顾客，没有一个特别要去满足的欲求，也没有一个特别要去实现的期望价值。

　　同样，在为某款包装选购纸张时，所有人（印刷人员、包装设计公司、包装加工企业、客户的广告代理以及客户的销售和设计人员）都可以决定（而且确实决定了）不买哪种纸，尽管他们自己谁都决定不了采购哪种纸。而且，他们自己谁也不会去采购纸，可他们却决定着包装的形状、成本、承载容量、外观图案，以此间接地做出采购决定。那么谁才是真的顾客？

有两大重要行业很难识别其顾客，有时甚至无法识别其顾客，这两大行业即原材料行业和面向最终用途（或设备）的行业。

原材料行业是围绕某种原材料（如石油或铜）的开采或某个流程（如玻璃制造企业、钢铁厂或造纸厂）来组织生产的。这个行业的产品必定由原材料决定，而非由市场决定。而面向最终用途的行业（如糨糊、黏合材料、胶水等黏合剂的制造商）却不止一种流程或一种原材料可利用。黏合剂可以用玉米或马铃薯这类植物制作，可以用动物脂肪制作，还可以用石化工业提供的高分子聚合物制作。但是这些行业的顾客特征还是不够鲜明，不易识别。几乎所有工业流程都会用到黏合剂。但是，就像有人无奈地谈起炼钢厂和黏合剂厂的顾客——若说谁都是顾客，那就等于说没有一个可认定的顾客。

不过，答案并不是说这些业务不适用市场营销分析，而是说在原材料行业和面向最终用途的行业，市场营销分析的起点应是市场和最终用途，而不是顾客。

对于钢铁或铜等原材料行业，如果从市场角度出发是最容易理解的。比如我们说一定比例的各种铜制品进入建筑市场，尽管它触及的顾客如此庞杂，适用的最终用途又如此广泛，以至于我们无法对这两个维度展开分析，但谁都懂其中的含义。尽管顾客分析和市场分析说不出个所以然，但是说黏合剂都是为了满足同一个最终用途——将不同材料的表面粘在一起，这个说法还是有意义的。

站在外部视角，我们不应只从一个维度来看企业，而是要从三个维度来看，不仅要问"谁来买"，还要问"在哪里买"以及"买来做何用"，这样一来，**每家企业都能被界定——是服务于顾客，还是服务于市场，抑或是服务于最终用途**。但是，某家企业到底适用三个维度中的哪个？这个问题未经研讨是无法回答的。因此，企业的每一项市场营销分析都应涉及这三个维度，以便找出最适合的那一个。顺便说一下，这就是为什么在前面的章节中"顾客、市场、最终用途"这些表述频繁出现的原因。

人们一次次发现：①企业内部的人认为极不适合的维度（如造纸公司的顾客或最终用途）实则是非常重要的；②将一个维度的分析结果与另一个维度的分析结果叠加（如从纸张最终用途、纸张市场和用纸顾客对造纸公司做分析），可以得到有力且富有成效的洞见。

即使顾客的身份一目了然，企业通过分析产品（或服务）的市场，或者分析产品（或服务）的最终用途来对自己检视一番也是有益处的。唯有如此，企业才有把握明确界定它带来的是哪种满足感，为谁带来满足感，以及如何带来这种满足感。往往也唯有如此，企业才能决定自己的未来将取决于哪方面的发展和哪些要素。

这些市场现实引出一个结论：与一家企业有关的**最重要的**问题，都是那些渗透在消费者现实世界的问题，在那个世界里，几乎看不见制造商和其产品的身影。

如何注意到那些没想到的事

在一份市场研究中，以下这些标准化问题当然是都要问到的：顾客是谁？顾客在哪里？他怎么购买？他眼中的价值是什么？我们的产品能够帮助顾客实现什么目的？我们这款特别的产品在顾客的生活和工作中发挥什么作用？对他有多重要？在什么情况下（如年龄或者家庭结构），实现这个目的对顾客是最重要的？在什么情况下实现这个目的对他是最不重要的？谁是直接竞争对手？谁是间接竞争对手？它们正在做什么？它们今后还将做什么？

但是，重点很可能并不是上述问题，而是另外一些极少问到的问题，这些问题会迫使我们注意到一些想不到的事。

（1）谁是"非顾客"（non-customer）？也就是那些已经（或可能）在这个市场中却不买我们产品的人？我们能找出他成为"非顾客"的原因吗？

让我们以一家成功企业为例，这家企业生产和经销的是 DIY（自助式）住宅维修养护用品及设备。一份市场研究表明，它的主要顾客是首次购买住宅的新婚夫妇。这类顾客对公司产品的热情大概能维持五年光景，之后慢慢消退。在制造商看来这完全合乎逻辑，毕竟这群人是最肯为自己的屋子花心思的，他们有自己动手折腾的精力，而且因为孩子都很小，他们晚上和周末也大都待在家里。

但是，当对非顾客（即婚龄五年以上的家庭）进行实地调研后，公司发现这群人是一个极具潜力的大好市场。他们之所以成为非顾客，主要是因为公司选定的分销渠道（特别是住家附近的五金商店）不合适，除周六早上之外的其他时间这些非顾客都去不了。对有孩子的男人来说，周六早上也不是理想的购物时段，他们的孩子虽不再是婴儿，但尚年幼。后来该企业将商品放到购物中心，那里一直开门到晚上，越来越多的家庭都在这个时段举家出门购物。此外，公司还增加了直接到家的邮购，结果销售额增加了一倍多。诚然，较年长的屋主的购买量相对较低，结婚年头长的家庭的购买量也在逐年递减。但无论何时，在一幢房子里住五年或更长时间的人总比买新房的人多得多，所以一小部分年长人群带来的生意还是比大部分年轻人带来的多。

（2）还有个问题也同样重要：顾客统共都买了什么？他把钱和时间花在哪儿了？

公司总想知道在顾客的全部支出中（即他的可支配收入；可自由决定的收入；可自由支配时间）[⊖]，有多大比例用来购买了它们的产品，还有这个比例是在增加还是在下降。这固然十分重要，但是若能搞清顾客是如何支配他的全部资金和全部时间的，我们或许能发现更多奥妙。

以某大型建筑材料公司为例，当提出上述问题后，公司发现

⊖ 可支配收入，从工资中扣除税费和其他强制扣款后剩下的金额；可自由决定的收入，在购买了"生活必需品"后可使用的金额；可自由支配时间，在这期间顾客不需要为生计而工作，并可以得到必要的休息，即可用于休闲、娱乐、教育等活动的时间。

顾客购买其产品的决定因素既不是价格也不是质量。顾客购买与否，取决于这桩买卖是会被划为资本投资，还是运营费用。对一类潜在顾客特别是公共机构来说，购买的决定因素可能是这些产品在账簿上可被列为运营费用，而这恰恰是私人企业难以接受的，因为对它们来说，资本投资在账簿上是被列为资产的，而运营费用则与利润相抵。对于这两类顾客，同一产品不得不被"包装"成两种形式——公共机构拿到的是为期十年的"可出租财产"，购买这一资产的初始投资以按年收取的租金形式分期偿还；私人企业拿到则是一笔固定资产，其价格包含了十年免费维护费用。

这就提出了在一般性市场调查或顾客研究中没有涉及的两个问题：

（3）顾客和非顾客从别家公司购买的是什么？ 他们买的这些东西为他们带来什么价值？ 为他们带来哪些满足感？这些产品为顾客提供的满足感与我们的产品或服务正在（或有可能）展开竞争吗？ 别家公司给顾客带来的满足感，我们现有的（或将来提供的）产品或服务是否也能给到顾客？甚至让顾客更满足？

这个问题可能揭示出市场的价值偏好。顾客从我们这里得到的满足感在他的生活里有多少分量？这个分量是会增加还是减少？在能给他带来满足感的各个方面，他还有哪些新的或未得到充分满足的欲求？

（4）这就非常接近关键问题了：什么样的产品或服务能使真正重要的

满足感得以实现？（包括我们现在已经提供和将来可能提供的产品或服务。）

我所知道最具想象力的案例来自南美一家做软饮料罐装生意的制造商。虽然这家企业经营得还不错，但经营者注意到自己所处的市场即将饱和。于是他问自己："在我们现在所处的经济阶段，有哪种新产品最贴近 50 年前软饮料给人们带来的那种满足感？"他的答案是平装书。这个地区的百姓虽然缺衣少食，可已经开始接受教育了。然而，南美人只能在几个大城市为数不多的几家书店才能买到图书，而且书价高得连中产阶层都望而却步。这位制造商总结说，平装书之于今天的人，正像软饮料之于半个世纪前赤足的印第安人一样，都是一种买得起的奢侈品。而且，在商品规划、大批量分销、大众宣传展示、快速退回未售商品这些环节上，平装书生意几乎是瓶装软饮料生意的翻版。换句话说，这位制造商认识到他的生意不只是"软饮料"，而是"大众消费品"。

另外还有四个方面需要研究。

第一，是什么使得顾客不用我们的产品或服务也能满足自身需求？是什么迫使他们不用我们的产品或服务？我们应该遵从顾客世界（经济、商业、市场）里的哪一个因素？是经济状况吗？是富足社会中商品不断向服务转化，低价不断向高度便利转化的趋势吗？未来的格局将会怎样？我们能够抓住有利时机，乘势而为吗？

第二，在顾客的心智及其经济观念中，什么才是有意义的产品聚合（aggregates）？是什么形成了这种聚合？

让我用两个例子来对上述问题加以说明：

一个例子是自动洗碗机问世之初，生产厂家历经艰辛，下了血本才把这个厨房里的新玩意儿做成洗衣机的模样，只因洗衣机是一种很讨家庭主妇欢心的电器，她们对它也驾轻就熟。因为这两种电器采用的技术截然不同，把它们做成一个模样，尤其是外观上去很相似，堪称了不起的成就。然而，洗碗机到今天仍令其制造商大失所望的主要原因，正是它的别出心裁——想让它看起来跟"大表哥"洗衣机一模一样。洗碗机的样子是像洗衣机，可花的钱却是洗衣机的两倍，这么做毫无意义。家庭主妇又不是工程师，而且她们似乎也没有理由兼任这个角色。如果一样东西做得看上去跟自动洗衣机一模一样，那为什么要多花一倍的钱？换句话说，制造商把自动洗碗机放入了一套产品聚合中，却在这套聚合里创造了一个它无法满足的价格期望。如果洗碗机看上去有别于传统的厨房电器，并因此作为某种新产品脱颖而出，不与厨房电器这种主妇们都熟悉的产品聚合为伍，它或许会卖得更好一些。

另一个例子是西尔斯公司推出两种保险后所经历的完全不同的遭遇。20世纪30年代，该公司像卖其他商品一样开始在零售商店卖汽车保险，取得了巨大成功，西尔斯公司旗下的保险公司很快便成为美国第二大汽车保险商。20年后，西尔斯公司开始推出人寿保险，却遭到顾客的强烈抵制，未能再现早年销售汽车保险的辉煌。在顾客看来，汽车保险其实是一种产品，是汽车的一个配件，就像刹车装置或方向盘一样是汽车的一部分。而人寿保险对他们而言却是另一种东西，是金融理财而不是产品，它与汽车保险根本不属于同一聚合。虽然二者的名称中都包含"保险"一词，但并不能将它们二者等同。

接下来是生产商选错了聚合，结果却歪打正着，皆大欢喜的例子。

　　某园艺产品制造商为种玫瑰的人推出了一系列专用肥料、杀虫剂之类的产品。作为业内领先的厂家，它期望自己的新品系列能迅速被市场接受。几乎每个家庭园丁都种玫瑰，都想好好呵护它们。可是，被当作"玫瑰产品"的新产品卖得并不好，倒是有几个商家把它们当作普通的花木养护产品来卖，却打开了销路，哪怕制造商在所有说明书中都强调它们是玫瑰专用产品。后来制造商接受了顾客的"裁决"，将这种产品供给种植各类花木的人，结果这个他们本打算放弃的产品系列突然焕发了生机。给"种玫瑰的人"专用的产品显然意味着"别人"也能用。

用心理学家的话来说，"聚合"就是"完形"（configurations）[⊖]。聚合的现实只存在于所见者的眼中，它们不取决于定义，而取决于感知。制造商与顾客各自的感知，以及他们基于各自感知形成的聚合必定不同，这是因

　　⊖　完形的概念源自一群研究知觉的德国心理学家，他们发现，人类对事物的知觉并非根据此事物的各个分离的片段，而是以一个有意义的整体为单位的。因此，把各部分或各个因素集合成一个具有意义的整体，即为完形。——译者注

为他们的经历不同，想要的东西也不同。然而，只有顾客对聚合的感知才重要，这决定了他买什么，什么时候买，以及买不买。

　　第三，谁是我们的非竞争对手？为什么是它不是别人？这个问题是帮我们发现想不到的事情的另一盏"探照灯"。

　　没有什么比产业结构变化得更快。可在管理者看来，几乎没有什么比当下的产业结构更像是一条不可撼动的自然法则。电气行业协会或食品零售学会的现任全体会员被当成"产业"。然而，全新的进入者接二连三从天而降，成为最有力的竞争对手，尤其表现在它们用与昨天全然不同的方式满足了顾客相同的欲求。转眼间，昨天看上去还坚如磐石的产业结构土崩瓦解。然而，等新的产业结构过阵子稳定下来，管理者们又觉得它会不朽。

　　举两个例子：

　　　生产印刷机的制造商显然没有重视二战后开始在市场露面的新型办公室复印工艺。这些工艺不是"印刷术"，用于这些工艺的设备也不是卖给"印刷厂"的。发明它们的人曾向一家大型印刷机制造商提供过几种复印工艺，但这家企业都没琢磨一下就将其拒之门外。等到印刷厂的传统工作大都由其以前的顾客自己在办公室复印设备上完成了，印刷产业才惊醒过来，意识到已经出现了一个远比其他印刷机生产同行更危险的竞争对手。

　　　同样，美国的化肥行业自认为属于"化学行业"。可是但凡问一下，谁是非竞争对手？它们始终都会是非竞争对手吗？我们马上就知道石油公司没有理由不涉足化肥行业。石油公司为化肥行业供应最重要的原材料——氨（天然气的副产品）；它们是大宗货物分销的行家，在美国最小的村庄都有代理商。20世纪50年代后期，情况变得越来越明朗了，即石油公司需要为其庞大且昂贵的分销系统寻找额外的产品。然而，即使美国某大型石油公司已进驻欧洲的化肥领域，美国的化肥企业仍然坚信这种情况不会在美国本土发生。直到有一天它们一觉醒来，发现美国的复合肥行业已经快成石油行业的天下了。

第四，"谁是我们的非竞争对手"顺理成章引出了第四个问题——我们是谁的非竞争对手？有哪些机会我们以为根本不属于我们所处的行业，因而至今尚未看到也未加利用的？

看懂顾客

最后，有一个问题是我们始终都要问的：顾客的哪些行为在我看来完全是非理性的？由此**他的**哪些现实处境又是我没看见的？

比如，为什么各大零售商都会坚持（其实是必须坚持）拥有自有品牌？这个问题我还没发现哪家消费品制造商把它搞明白了。零售商在销售全国性（譬如制造商的）品牌上做得越成功，它就越要坚持推出和推广自有品牌。制造商认为零售商之所以这么做，是因为目光短浅，只看利润率而不是利润总额。而零售商通常也承认，自有品牌的利润率是高一些，但会被更高的库存成本和积压商品的成本所吞噬，因为这是零售商自己的产品，卖不掉的也无处可退。这一切只能令制造商更加坚信自己的观点，即零售商果然是不理性的。

事实上，零售商的理性无懈可击，它怕如果完全依赖全国性品牌，不管从中获得多少利润，都会将自己置于险境。如果顾客在它店里见到和买到的东西在其他任何地方都能买到，价格和质量都一样，都是在全国打广告而且在全国销售的品牌，那么人家凭什么非要光顾它的店呢？如果一家店的名气完全有赖于谁都能卖的品牌，它就根本没有名气或自我身份可言，有的只是一个店址罢了。

制造商若想理解顾客看似不理性的行为，就必须迫使自己从市场营销视角看待其行为，而不只是谈论一下就完了。市场营销视角还会迫使制造商依照市场的逻辑而非供应商的逻辑采取行动。如果制造商不能使情势转向对自己有利，就必须去顺应顾客的行为。否则，它就不得不面临更艰巨的任务——改变顾客的习惯和观念。

零售商渴望凭借一个自有品牌来确立自己店家的身份，这是符合其自身的最大利益的。因此制造商最好顺势而为，可能的话，将其导向自己的优势。每个特定产品品类的主导供应商本身也有机会成为自有品牌的供应商。

再来看美国大型电力公司采购大型发电设备（例如涡轮机）

的例子，这个做法虽然是理性的，却对设备制造商和电力公司的长期最佳利益都有损害，因其无谓地抬高了设备价格。传统上，每个发电站都是作为一个完全独立的项目来设计的，电力公司的设计工程师想方设法给每一台涡轮机和每一台发电机都附加一些特殊性能。但是，美国的两家大型涡轮机制造商——通用电气和西屋电气的产品销售量如此之大，只有采用大规模生产方式才能跟得上。因此，这些为每台涡轮机添加的个别特质造成了沉重的附加成本。然而这些个别特质放在今天毫无必要，因为只要对标准化的零部件进行组装，就能获得每一种性能配置。

此外，电力公司并不是知道自己需要用到重型设备了才下订单，而是会出于理性，选在长期利率偏低时下单。因此大概每过 5 年，它们就会突击下一大批订单，于是接下来的两三年间，涡轮机厂会忙乱不堪，工人们三班倒，拼死拼活地赶订单，其中大多订单在下单时就已注定将延期交付了。然而，没有什么比把工人、半成品、设备都塞在一个工厂里相互夹缠成一团更耗费成本的了。

设备制造商目前已经解决了此项难题的第一部分。它们展开一项长期的教育活动，努力让电力公司明白，如果只提出设备的性能规范，而不是事无巨细的设计方案，它就能节省一大笔钱。在这方面，设备制造商显然已经迈出了一大步。不过据我所知，这项任务的第二部分（根据利率波动下订单）尚未解决。（这个问题应该能解决，毕竟利率是周期性的，如果设备制造商打算自行承担签约时规定的利率与今后 5 年内的最低利率之间的利率差，它们承担的风险最多只有 10% 左右，因为它们可以在 5 年内以较低的利率重新融资。相比之下，传统模式下的那种"饥一顿饱一顿"的生产方式给企业带来的风险倒可能要高得多。）

无论哪个行业的制造商，若想将自以为理性的行为凌驾于一个看似不理性却被证明更符合顾客最大利益的行为之上，那么就可能会失去顾客。起码顾客会对制造商的这种企图心生反感，认为它用自己的经济势力压别人。不管制造商采取什么行为，只要与顾客自身最大利益相悖，它终会付出沉重代价。

美国制药业可能很快就会成为这方面活生生的例子。医生普遍优先选择原研品牌药而非仿制药的做法可谓足够理性。现代药理学和生物化学将大多数医生，特别是老一代医生远远地甩在了后面。如何在一份处方中对几种现代药物进行配伍，这对一个繁忙的执业医生来说太复杂了，不好掌握。因此，他宁愿依赖制药企业。医生并不十分在意药物的成本高低，这也是理性的，毕竟在大多数情况下，医疗保险会为此付费，因此患者也不太会因为医生费心帮他省钱而感恩戴德。如此，选择原研品牌药就有了充分的理由。而且这可能是水平一般的医生在使用这些新型强效药的过程中获得必要保障的唯一途径。

制药公司的任务原本是利用其分销渠道的这一合理性，来为最终用户（即患者）带来好处。可这些制药公司却对医生的无知听之任之，它们对品牌合成药的定价远高于作为仿制药销售的同类合成药，最后让患者为此买单。可以预见的是（我在制药行业的好友中，不止一位也有此预见）这些企业会遭到惩罚，而这从来都不是我们乐见的，原本不该如此。

所有这些例子都表明，迫使自己尊重顾客那些看上去不理性的行为，迫使自己去探寻使顾客行为变得理性的现实处境，这也许是从市场和顾客视角来看待自己整家企业的最有效方法。通常这也是跳出自己的企业，实施以市场为中心的举措的最快方式。

市场营销分析比一般性市场调查或顾客研究要好得多。它首先要审视整家企业；然后它要考察的不是我们的顾客、我们的市场和我们的产品，而是整个市场、全体顾客、顾客购买的产品、顾客的满足感、顾客的价值诉求、顾客的购买和消费模式，以及顾客的道理所在。

第 7 章 │ CHAPTER 7

知识即企业

"知识即企业"与"顾客即企业"完全一样。实物产品或服务不过是企业知识用来交换顾客购买权的载体。

企业是人的组织，其成败取决于人的素质。或许有一天，人力最终被机器替代。完全实现自动化。然而知识是人类特有的资源，在书本中是找不到的。书本中有的是信息，而知识是指将信息应用于特定工作和任务的执行上的能力。这种能力只能来自人，来自人的大脑或双手的技能。

企业要想成功，知识首先必须是有意义的，要能为顾客带来满足感和价值。知识本身在企业（不只限于企业）中是没用的，只有在企业外部对顾客、市场和最终用途有所贡献，它才发挥出作用。

能把一件事做得跟其他企业一样好，也是不够的，这不足以带来领先地位，而没有领先地位的企业注定走向灭亡。唯有表现卓越才有钱可赚，而唯一真正的利润是创新者的利润。

经济成果是差异化的结果。这种特质上的差异化使企业得以生存和增长，其来源是企业中一群人掌握的特定且独特的知识。

然而，虽然每一家成功企业总是至少拥有一个这样的知识领域，却没有哪两家的独特知识领域是相似的。这里有几个例子可以说明，外部人说起一些知名大企业的特质，指的可能就是这种特定的知识。

世界上最大的制造企业通用汽车以业务拓展领域的知识见长，它尤其擅长拓展那些工程技术水平高、需要大批量生产和大批量分销的大型设备生产业务。通用汽车在汽车行业习得这类知识后，将其扩展到柴油机车、重型运土设备和消费电器等领域。通用汽车的特别之处在于，它似乎总有本事在接管一家平庸的企业后，将其转变为一家成功企业。但是，它也有局限性，通用汽车拥有的也只是特定的知识，而不是包罗万象的知识。它尚未晋升飞机发动机的主要生产商之列。尽管飞机发动机所需的技术非常接近通用汽车在其他许多领域成功应用的技术，但它们分属不同的市场和不同的知识领域。即使在汽车领域，通用汽车也不是万能的管理天才。它名下的英国子公司沃克斯豪尔（Vauxhall），让它管理了 40 年，在市场上仍排在可怜的第三位。

再例如，美国的大型商业银行必须具备三方面的知识。它得懂资金管理；它得懂在信托和投资业务方面的资本管理；还有或许最重要的，它得具备数据处理的独特知识，因为大型商业银行必须同时处理许多数字和文件。

正如 IBM 公司自己强调的，它不是因为出色的实物产品而成为办公设备行业的领导者的，尽管它的实物产品也很不错。IBM之所以成为领导者，是因为擅长管理数据和信息，能满足企业之需。为 IBM 带来回报的不是产品而是服务，它靠业务流程知识维持生计。

有如马丁公司（Martin Company）或北美航空公司（North American Aviation）这种航天和国防领域的大承包商，在冶金、电子、空气动力学和物理学方面拥有无可置疑的特殊能力。不过，它们真正的独特知识却在于系统设计和系统管理（部分是概念性质，部分是管理性质），其中大量的、林林总总的技能（有些尚待掌握）针对的都是一项从未有人做过的任务。正是预测未知之事的能力，规划不可预见之事的能力，将大量被忽略之事有效整合在一起的能力，构成了这些公司在系统管理方面的卓越之处。

荷兰的飞利浦公司（Philips）技术能力十分强大，这是肯定的，可其他 20 余家分布在全球的电气设备生产商的技术能力也不弱。飞利浦之所以脱颖而出，是因为它有自己的独特能力——善于组建并运营一家真正的国际化公司。飞利浦的每一家公司都完全融入了其所在国家的经济、社会和市场，然而，每家公司都有相同的产品，并且自觉地、毫不含糊地成为一个紧密联结的"家庭"里的成员。这个"家庭"里的每位成员都认同"家长"的权威，这个"家长"就是位于荷兰的高层管理团队。

一家企业能够做得卓越的事可能十分单调，这件事其他成千上万家企业也可以做得很好，只是这家企业更胜一筹。

在某大型知名企业中，有个事业部的利润一直比其他事业部高。说起来，这个事业部的业务不过是对成百万的金属片进行冲压、切割以及加工成型，它所用的流程和机器，全世界成千上万个金属加工车间都在用。但是，这个特别的事业部却把这件平常的工作做到了超乎寻常的卓越程度。它号称不等潜在顾客说完自己想要什么，就能把最终产品的样品搞出来，价格很少超过顾客心理价位的一半，而且能在顾客回到自己办公室之前，就开始成批量地交付各种金属部件。这个事业部拿手的是快速和简约设计。事实上，它都不怎么非得经过工程设计这道程序，车间里的工长大多也没上过几年学，但他们拿着一张粗略勾勒的草图，不消片刻就能在机器上直接把样品加工出来。

有时，用来定义企业的知识可能是纯技术性的。

比如美国有一家生产酒精饮料的领先企业，叫美国国家酿酒公司（National Distillers），它将自己的知识定义为发酵化学。这个定义使它在二战后不久成为一家主要的化工和制药公司。

但我说的是"知识"，而不是"技术"。技术是自然科学在工作中的应用，它是知识的一种形式。在任何企业，技术都不是唯一必备的知识。高科技领域的许多成功企业都不以技术见长，它们当然得具备技术能力，但它们特有的优势体现在其他方面，比如市场营销做得不错，美国至少有一家很成功的知名化工公司就是如此。

　　因此，如果哪家成功的玻璃企业说"我们是做玻璃生意的"，那么它要懂的东西显然得比玻璃制造技术多，哪怕这门技术掌握起来已经够复杂、够难的了。它还必须具备玻璃材料在商业和工业应用方面的知识，对于玻璃的最终用途，它要懂的和玻璃制造一样多。

　　这是材料行业的真实常态。不过，在所有类型的企业中，材料行业是最能以技术和一套独特的、有结构的信息体系来定义的，这套体系可以传授，也可以学习。

我们能做好什么

　　想搞清楚自家企业的知识是什么，最佳方法是看看自己哪些事做得好，哪些事做得不太好。特别是如果有别家企业，管理像我们一样完善，能力与我们相当，却在做类似事情时与我们所体会的完全相反，这就很有启发性。此时，我们要问自己第一个问题："什么事是我们不太有压力就能干好而别人却干不了的？"由此类推，我们还要问另一个问题："什么事是我们干不好而别人却轻易就能干成的？"

　　让我们对比一下通用电气和通用汽车在拓展新业务方面的表现。这两家公司都极为成功，通用电气的非凡能力体现在它接受一个新构想后，以此为基础从零开始创建一个新企业上。应该是在二战期间，通用电气判断美国靠进口工业用金刚石是撑不住的，还是得能够自己生产，之后它花了 5 年左右的时间终于探索出了一种方法，使人造金刚石生产商业化。又过了 10 年，1960 年前后，通用电气的人造金刚石企业已经成为全球最大的工业用金刚石供应商。

　　通用汽车在业务拓展方面同样成绩斐然。它常常收购一些规模可观而且已经居于领先地位的企业。可它也一而再，再而三地买过一些勉强凑合的企业，然后花几年时间把它们打造成业界翘楚。通用汽车的这种本领实属罕见，所以常常遭到质疑，人们怀疑它施展了"20 世纪版本的巫术"——某种扑朔迷离的违犯反托拉斯法的行为。

　　然而，这两家公司好像谁都不擅长做对方轻而易举就能做好的事。据我所知，通用汽车从未开创过一家企业；而通用电气收购来的企业似乎都不太走运。

还有三家知名化工公司，它们呈现出的对比同样很有启发性。

　　多年来，这三家公司都做得很不错。在外人看来，它们似乎没什么不同，研究中心都很大，工厂也都很大，还有销售部门等也都不小。三家公司生产相同的化工产品系列，资本投资和销售额不相上下，而且各家报表显示它们都有可观的投资回报。但是，其中第一家公司的某种产品或产品系列进入消费市场后，总是会有良好的表现；第二家公司则更擅长为工业用户研发新的专用化学品，它屡次试图打入消费市场，可屡次无功而返；第三家公司在消费市场和工业市场上都表现平平，比起另外两家公司，它的销售回报率（return on sales）很低。可是它把自己的研发成果授权给了其他化工公司，以此获取了巨额收入，而它自己似乎并不知道如何将这些研发成果转化为成功的产品并销售获利。

第一家和第三家公司显然在原创性研究方面很强。第二家公司半开玩笑地说："近20年我们就没提出过一项原创构想。"可是它也有一项了不起的能力，能从别人半成熟的创意或实验室里发生的某个稀奇事中看到商业开发的潜力，而后买下这个创意的所有权，将之转化为可出售的工业用的专用化学品。

这三家公司各自都明白自己能做什么，不能做什么。每一家在设定总体目标以及衡量绩效时，依据的都是自家特定的知识：第一家是在消费市场上的成功，第二家是自己开发成功的新型专用化学产品，第三家是收取的许可费与研究预算之间的比率。

当然，企业不一定非要与其他企业比较，也可以拿自己的失败与自己的成功做比较，然后问自己：这种绩效表现作何解释？

一家为太空飞船、导弹和高速飞机等领域研制仪器的中型公司，绩效表现参差不齐。为此公司招了一位新总裁来对其加以整顿，但这位新总裁并不怎么懂技术。一开始，似乎谁也解释不了为什么绩效会有高有低：电子领域有的大获成功，有的一败涂地；

导航控制领域有的大获成功，有的一败涂地；光学领域有的大获成功，有的一败涂地；还有其他一些领域亦是如此。分析了每个领域的负责人，也找不到丝毫线索——为什么同样一拨人干同样的事，绩效却严重参差不齐？后来公司挨个儿检视每个项目，方才找到答案——哪块儿有合同快到截止日期了，公司在哪块儿的绩效表现就好。它的特殊能力表现为在压力下工作，由此自发形成有效的团队。如果没有压力，人们好像对合同或项目就不上心。说来讽刺，管理层本来出于好意，想营造一种大学般的氛围，还努力从政府那里去争取了一些轻松的、没有压力的合同，可结果显然是弄巧成拙了。

最后，有个屡试不爽的好主意，就是去问你的优秀顾客："我们为你做的事有哪些是其他企业做不到的？"顾客不见得总能答得出，但不论他们的回答多么含糊不清，还是可能从中看到某种如出一辙的东西，它会指引我们到哪里去寻找答案。

知识现实

上述例子揭示出 5 项基本原则：

（1）一条能站得住脚的对企业特定知识的定义，听上去简单，实则不然。我们拿手的往往是那些我们认为很浅显，其他人也一定能做的事。有句老话说："自我感觉到的博学，不是学问，而是卖弄学问。"此话也适用于企业的特定知识。

（2）多加练习才能做好知识分析。

第一次分析可能会得出一些令人尴尬的概括性的结论，如：我们是搞通信的，或是搞运输的，抑或是搞能源的。可是每家搞通信的、搞运输的、搞能源的也都能这么说。这些笼统的说法在给销售人员开会做宣传语时可能很上口，但没法变得有实际操作意义，也就是说除了把它们挂在嘴边，用它们啥也干不成。

或者在另一个极端，我们可能根据全套24卷的自然科学百科全书，外加一整套所有业务职能的手册来给知识下一个定义。的确，每一位从事管理工作的人都应该懂一些各个业务职能和各门商业学科的基本知识；每一位经理人员也都应该懂一些人类求知领域中与自己业务相关的基本知识，不管这些知识是电气工程方面的，是药理学方面的，还是出版社里小说家写作技巧方面的。但是，谁都不可能万事皆通，连万事略晓都做不到。

不过，只要反复练习，多试几次为自家企业的知识下定义，很快就能得心应手而且会产生好处。极少有问题像"我们特定的知识是什么？"这般客观、富有探索性、富有成效，迫使管理层来审视自己的企业。

（3）另外，也极少有哪个问题的答案比"我们特定的知识是什么？"的答案更重要。知识是一种"易腐商品"，需得时时再确认，再学习，再实践。我们只有持续努力，才能保持自己特有的卓越之处。但前提是你得知道自己的卓越之处是什么，不然谈何保持？

（4）每种知识终将变成错误的知识，会遭到淘汰。所以应该时时提出问题：我们还需要别的什么吗？或者还需要哪些不一样的东西吗？

有家成功的日本化工公司的总裁，每隔 6 个月就要逐个问他的高层管理人员："我们以前曾下结论说，这种特殊能力会给我们带来领先地位，那么我们最近的实践证实这个结论了吗？"这位总裁亲自分析每个产品在每个市场以及每个重要顾客那里的表现，以查看实际情况与他通过知识分析得出的预期和预测是否相符。他要求手下每一位高层管理人员都做同样的分析，不管是研发总监、财务总控，还是人事主管，概莫能外。而且他会从为期三天的季度管理会议中抽出一天时间来做知识分析。结果他的公司用了 10 来年时间，从昔日一家规模有限的小型企业成长为某重要领域的一家全球领先生产商。这位总裁将这一成长归功于他们对知识有效性以及知识需求的不断检视。

（5）最后，没有哪家企业能在众多知识领域都头角峥嵘。大多数企业犹如芸芸众生，能在某一领域站稳已属不易。当然，这也意味着大多数企业都处于边缘地位，只能勉力苦撑。这一点有数字可以充分证明：每 100 家初创企业，有约 75 家活不过 5 年，而夭亡的主要原因是管理失败。

然而，一家企业也可能在不止一个知识领域里胜出。成功的企业除了要在某个知识领域一骑绝尘，还必须在许多知识领域至少过得去才行。许多企业还必须在不止一个领域达到中上水平。但是要想拥有那种能获得市场经济回报的真知识，还是要凝心聚力把少数几件事做到极致。

我们的知识有多好

知识分析和市场分析一样，都会引发一些诊断性的问题。

（1）我们有正确的知识吗？我们聚力于成果所在之处了吗？为了找到答案，我们需要参照企业的市场营销分析。正确的知识是我们利用市场机会所需要的知识。那么，企业拥有的知识能让自己在市场居于领先地位，并在市场认可的卓越之处获得回报吗？

若说哪家企业发现自己的知识在市场上全无用武之地，这种情况也不多见。这种企业很可能在做自我分析之前早早就灭亡了。但是，有一种情况在任何企业都极有可能发生，那就是企业现有的特定知识不够用。

我们需要常常学习新东西。就像造纸业者必须成为具有相当技能的高分子化学家。当计算机露面时，IBM 的那些卖老式穿孔卡片的销售人员不得不进入一个崭新的世界，学习另一种完全不同的语言。

有时知识的天平必须倾斜，有些曾经的企业核心知识不得不屈居于从属地位。

比如，在过去的 20 年中，钢铁行业的主导知识已经从钢铁制造转变为钢铁营销。随着现代冶金学的出现，炼钢已日渐变成一桩提高设备性能的事，而不是如何施展神秘的"炼金术"。钢铁制造不是不再重要，而是越来越不可能在生产环节有所突破了。然而，因为钢铁业有了众多各色各样的经济特质和技术特性，加上不同产品组合的成果，钢铁营销现在所起到的关键作用，远远超出从前它以销售吨位为主要工作的那个时候。

知识必须不断进步，才能继续作为知识存在下去。

知识确实很像田径运动中的世界纪录。多年来，它伫立在那里，看似不可撼动。而后，有一名短跑运动员以更快速度跑完 1 英里，一名撑竿跳高运动员跳得更高了一点。一时间，其他运动员纷纷刷新纪录，把成绩推向新高。凡事一人做了，他人总能再做一次，追求卓越，尤其如此。

（2）对知识的分析会带出一连串问题——就像正确的知识得到多少有效利用这种问题。

我们真的因为自己贡献的知识而获得回报了吗？

这并不一定表示我们得向顾客收取知识使用费。IBM 收取的是设备账款，但是 IBM 及其顾客都清楚知识才是关键，顾客买的是服务而不是产品。事实上，双方的这种认识，正说明为什么起步晚还有些迫不得已的 IBM 却能超越那些起步早且技术能力似乎强大得多的公司，进而在计算机领域拔得头筹。

（3）我们的知识充分融入我们的产品或服务中了吗？

例如，有家公司拥有高分子化学的基础知识，这或许是其最厉害的知识领域。然而公司 90% 的产品完全没有从这种知识中受益，而它们也都是高分子化学品。这些产品还是沿用老"食谱"

的反复试错法摸索出来的，并没用到公司已有的科技知识，而顾客购买产品时是很看重这种知识的。

（4）我们该如何改进？我们正在错失什么？我们如何着手弥补？

比如，大多数商业银行尚未意识到它们的数据处理知识可能带来一项赚钱的业务。这种知识可以让它们为中型企业提供办公管理服务，因为这类企业说大不大，没必要拥有自己的现代化数据处理设备；可说小也不小，不使用现代化的记录保存和数据处理方法也不行。

再举一个例子，大型国防和航天领域承包商可以将其系统管理知识应用于一些新的领域，如海洋勘探，或用来重新设计我们最古老却全无设计的系统——大型医院，尤其是随着美国政府在国防和航天领域的支出趋于平稳，更可以考虑这么做。

知识分析的结论必须反馈给市场营销分析，以揭示出可能错过或低估的市场机会。而市场分析的结论又可以投射到知识分析上，以表明对新知识或已变化的知识的需求。

这就是我们企业的样子

凭借前几章的粗略分析，管理者应该对企业有一个充分了解了，如下这些分析是他完成企业经济任务的必经之路：

- 成果区、收入和资源分析
- 成本核心和成本结构分析
- 市场营销分析
- 知识分析

上述四种分析没有哪一种能独立完成企业经济任务。但是，将它们结合在一起，一家企业就能自我理解，自我诊断，自我指引。

现在还剩一个必要的步骤：根据市场营销分析和知识分析，重新审核**初步诊断**的结果。我可以武断地说，这个诊断结果肯定会大幅变动，在初诊阶段，即使"事实"被准确记录了下来，这些事实也可能还没被完全吃透。

比如，有些产品需要调换类别。某种不划算的专用产品若放在不同的市场或不同的分销渠道，或许就会变成一种非常有前景的产品。反过来，某些在初诊时看上去很"壮实"的产品，我们都把它们当成处于鼎盛时期的今天的生计来源，甚至可能是明天的生计来源，经再次审核后或许被确诊为已处于或接近生命的尽头。

我们会发现有些产品需要大幅调整，有些市场、分销渠道，甚而整家企业亦然。

某大型铝业公司几乎可以确定铝箔市场已经饱和，因此认为铝箔产品销售乏力是预料之中的事。不过，该公司是把铝箔业务当作与其他铝制品业务一样来经营的，也就是说，把它当成一种生产资料的生意，卖给设计工程师和工业采购代理商。做过一通市场营销分析后，管理层勉强承认铝箔是一项消费品业务，零售商特别是超市才是其真正的顾客。该公司将铝箔业务从其他业务中分出来进行管理，将其委托给从未进过铝轧制厂但知道如何推销消费品的人。数年之后，公司的铝箔业务不仅达到而且超出最初的期望。虽然相比之下这家公司在铝箔市场算初出茅庐，但目前它在美国国内市场的占有率已逼近龙头老大。

有一家专业性很强的小型化工公司，则向我们全程展现了市场和知识重新分类后给某产品的诊断以及企业战略带来的变化。这是一家由家族拥有和管理的公司，多年来曾一直生产一系列化工中间体，用于制造纺织染料（特别是棉纺织品染料）。其主要顾客是一些大型化工企业，这些大企业自己并不生产全部染料系列需用的所有中间体。然而，随着合成纤维越来越多地占领美国纺织业，这家生产中间体的小公司看到自己的市场和利润都在节节下滑。市场分析引导管理层发问："市场在哪里？"而此前他们的问题一直是"我们的市场在哪里？"经过这一问，发现棉纺织品以及棉纺染料的市场远未缩小，事实上比合成纤维的市场扩张得更快，只是这个市场的扩张不在工业发达国家和地区，而在拉丁美洲、印度、巴基斯坦、非洲、中国香港等地。这些国家和地区的染料都要依靠进口。企业的产品并没有错，只是进错了的市场而已。

这家公司现在已经走向国际化。它在 11 个发展中国家和地区生产染料中间体，从以色列到中国台湾，从尼日利亚到印度。在每一个项目中，资本风险都由所在国家的某个机构承担。这家美国化工公司遵照长期管理合约，提供技术知识和管理，并收取费用和参股。

在美国国内，这家公司也根据知识分析的结果调整了经营业务。它仍在生产原来的染料中间体，但同时也快速发展为生产染料的化工设备的设计商和制造商。这样，公司就能充分利用自己在设计和制造染料生产设备方面特定且独特的知识。要知道，管理层在分析自己的企业知识之前，都没意识到自己还具备这一能力，更不晓得它竟是当今快速工业化世界的一项资产。

另一个例子说明了重新定义顾客带来的改变。

某医院设备制造商研究市场后，重新设计了整个产品线。该公司始终认为，医疗专业人员是否认可它的产品，决定了它能否获得领先地位并取得成功。于是它花了很多时间和金钱向医生推广自家公司和产品，并且围绕他们观念中对价值、效用和卓越的理解来设计自己的产品。这家公司确实赢得了医生的推崇，但在向医院销售时却不尽如人意。

分析显示，采购医用设备的人并不是医生，而是医院的行政管理人员。不管这些行政管理人员有没有医学博士学位，他们都必须运营一个复杂的机构，而且靠的大都是一些收入不高又没什么特殊技能的人。他们观念中的"卓越"，是指设备既不会绑住紧缺的、技能娴熟的护士和技师，使之脱不开身；也不需要大量的操作培训，也就是说即使不太懂技术的人也可以安全操控，不会给自己和病患带来危险，也不会损害到设备。正如这家制造商描述的："我们发现我们的设备不得不以最终用途为中心，而不是'以医生为中心'，所以得是'傻瓜也能用的'，不能太复杂。"

顺带一提，这也促使公司彻彻底底重新对成本做了一次划分，并调整了对稀缺资源的配置。长期以来，面向医疗专业人员的推广投入一直是这家公司的一个主要成本点，而且都是由最能干的销售人员亲自披挂上阵的，它一直被当作整个成本流中最有效益的成本。相比之下，向医院行政管理人员解说推介设备的成本却几乎被当作白花钱。如今这家公司虽没放弃面向医生的推广，但已经减少了在这方面下的功夫，这项投入或多或少算是支持性的，或顶多是为了防止来自医生的反对意见，而不是为了开创市场。相反，面向医院行政管理人员和医院员工的推广，包括时不时与医院工会培训主管的紧密合作，现在已被当作值得高度重视的、真正有效益的成本。

以下是两个服务行业的例子：

某大型人寿保险公司设计了一种保单，专门面向三四十岁的中产已婚男性、初级主管、年轻但事业有成的专业人士。该公司认为这种保单特别吸引人的地方在于被保险人能够根据自己的家庭情况和需要定制保单，还能保持相当低的保险基数。孰料这种保单卖得并不比别的保单好。公司分析了顾客的购买方式，发现了问题所在——这张保单是放在晚上出售的，因为那是"目标顾客"唯一可能在家的时段。可是人家并不愿意在晚上花很多时间讨论保单内容。目标顾客累了一天，他想独自待着。因此，销售人员极少有机会向潜在顾客好好解释这张保单的内容。不过，分析也显示，这些家庭中的主妇倒是对财务保障类产品表现出浓厚的兴趣，她对家庭状况的了解比丈夫有过之而无不及，而且她白天有的是时间。因此，公司业务员现在都是通过电话或信件预约时间，在上午时段把保单卖给主妇们的，且成果颇丰。而这些主妇回头就把保单"卖"给了她们的丈夫。

另一家公司则认为自己推出的一个全能保险套餐相当不错。这种保险产品在一份主合同中将所有保险一网打尽——汽车、火灾、房屋与家庭财产、健康和意外，还有人寿保险，全部由一名推销员一次上门一口气卖掉。但是顾客分析表明，灾害保险和人寿保险在顾客心目中分属不同的聚合——它们本来就在不同的聚合里，因为二者满足的是完全不同的需求。（二者都是保险这一说法对公司、精算师、州政府及其保险局长来说似乎非常重要，但对顾客而言可能却无关紧要。）后来，公司将这两个险种分开，一个归到灾害保险套餐，一个归到人寿保险套餐，这种做法大有裨益。顾客分析还显示，很多目标顾客原本会买这两个保单中的一个，但若把它们合在一个套餐中出售，他们则都不会买了。公司还在人寿保险套餐中增加一个非保险项目——互投信托股份，如此一来更加带动了套餐的销售。这是因为人寿保险对顾客来说属于金融理财；而股权投资不仅与之契合，还使得人寿保险变为一项完整的投资计划。这种做法取得了巨大成功，引得数家大型保险公司，包括如西尔斯公司旗下的好事达保险公司（Allstate Insurance Company）在接下来几年里纷纷效仿，开始推出新的金融理财套餐。

当然，这些都是付诸行动的例子，而不仅仅是重新分类或重新定义。但是，每一项行动都来自依据市场分析和知识分析对初步诊断结果做出的重新审视。

还缺什么

相对而言，更为重要的还不是重新诠释企业正在做的事，而是辨识哪些事企业该做却还没做。将市场营销分析和知识分析与前期所做的企业分析放在一起考量，就可以看出企业现在缺什么。

在成果区，企业有三个缺口总是在所难免，所以也几乎总能预见。第一个缺口是开发不力。企业可能需要下功夫来一次大力"**开发**"，以此来取代那些明显已经过了全盛期的东西。企业可能需要替换一个产品，也可能需要开辟一个新的经营活动领域，如新的市场、新的最终用途和新的分销渠道。虽然新市场或新分销系统的开发不具备通常的"技术性"，却和设计新型设备一样带有"设计和开发"的性质，也同样需要知识、工作量和资金的投入。

第二个缺口是缺乏**足够的支持**来利用机会，从已有的成功中借势。

例如，对某设备制造公司做的市场分析显示，虽然该公司的某个主要产品在某行业市场好评如潮，却没有一家企业为此下单。而竞争对手的产品虽然比它的还贵，而且不怎么令人满意，却拿到了订单。原来竞争对手为市场提供的是一个完整的产品套装，其中包括顾客所求的机器，外加一台连接到顾客其他设备上的动力传动装置。说来讽刺，那个拿不到订单的公司也有这种动力传动装置，而且它的那款机器最初也是围绕这一装置设计的。可谁也搞不懂为什么该公司的销售部门就认定这个传动装置不适用于机器销往的那个特定行业。

每家企业都会有类似的疏漏。没有哪个管理者被赐予全知全能的恩典。除非系统化的训练让人都变成火眼金睛，否则再显眼的事情也会被忽视，再清楚的迹象也会遭到曲解。

这一缺口也可能隐藏在分销渠道——企业有产品或服务，也做商品推广，甚至说动了潜在的顾客。可是等顾客真动心想买了，却在他们通常购物的地方买不到。分销渠道没有触达他们，或者卡在了半道。

每次改变产品或者产品传达方式，都需要对分销渠道做一次彻底检视。反过来，每次改变分销系统（例如二战后美国经济出现的大规模零售分销热），也都必须逐个检视产品设计、产品系列、顾客、市场、最终用途。

对外部的分析通常会让我们看到企业在**知识需求**和**机会**上存在的第三个缺口。还需要掌握哪些真正重要的新知识？现有核心知识哪里需要改进、更新和提升？我们的企业知识哪里需要被重新定义？

前两项需求一目了然。我们往往忽视的是第三个需求，而它往往是最重要的。这里有一个例子：

有家专事生产高级纸张的造纸企业，其营销知识可能包括印刷行业的知识，为印刷企业提供服务的能力，以及对印刷业务的了解。但是，为了向那些拥有办公室复印设备且需使用复印纸的新顾客推销自己的产品，它可能需要将自己的营销知识重新定义为复印市场的知识或图文艺术市场的知识。这就要求这家造纸企业必须学习一些新东西，因为在新顾客的企业，纸张只是附带购买的辅料；而原来在商务印刷企业，纸张是最基本也是最昂贵的原材料。两类企业采购纸张的方式截然不同。不过，重要的新因素可能只是重新给它的知识做一个明确的定义，否则，造纸的这帮人就不会把原有知识中可利用的部分运用到新市场，他们甚至可能丢掉目前的领先地位。

随着这种自我分析一步一步走到最后，做企业的人应该能够看清自己的企业是什么，在做什么，能做什么。此时，他应该能在以下几方面给出确定答案：

- 他的产品或服务想为顾客提供哪些满足感？应该填补哪些欲求？企业要做出什么贡献才有望获得回报
- 为了做出所期望的贡献，企业需要在哪些知识领域表现卓越？为了赢得生存和发展机会，应该定义哪些事自己必须比其他企业做得好？为此，企业需要决定自己应器重的人的价值是什么以及需要什么样的人力资源
- 企业为哪些顾客、市场和最终用途贡献与众不同的价值？为了触达这些顾客、市场和最终用途，企业必须开辟哪些分销渠道，并像满足顾客一样去满足渠道的需要
- 这些目标在哪些技术、流程、产品或服务领域可以实现，并通过它们转化为实实在在的可见的成果
- 在每一个成果区分别需要具有什么样的领先地位

将市场营销分析和知识分析叠加在成果区分析、收入和资源分析、成本结构和成本核心分析上，产出的不仅仅是新的事实，它还将赋予某一群管理者知识，使其能说"这就是我们企业的样子"；赋予他们愿景，使其能说"这是我们企业能够成为样子"；赋予他们方向感，使其能说"这样做，我们就能从脚下所在之处，去往所能抵达之处。"

2

第 2 部分

聚焦机会

立足优势

对整家企业及其基本经济状况的分析结果总是呈现出一幅年久失修的景象，破败之甚超出所有人的想象。人人夸傲的产品成了昨天的生计来源或是管理者自以为是的投入；无人留意的活动成了主要的成本核心，而且花费之巨，业已危及企业的竞争地位；企业中大家一致认定的高品质到头来对顾客意义不大；重要且珍贵的知识要么用到了不能产出成果的地方，要么产出了果实却乏人问津。我认识的管理者中，有不止一位在做完分析后恨不能忘记他所获知的一切，重新回到闷头奔命的昔日，因为那时候他们可以"一天的难处一天当就够了。"[⊖]

但正因为企业有如此繁多、如此纷杂的重要领域，所以日常的管理方法即使在最小、最简单的企业中也显得力所不逮。因为衰退是正常发生的现象，也就是说，除非有人能阻止这种现象，不然企业就必须制定一套有系统的、有明确目标的规划。必须将几乎望不到边的可行之事减少到管理

⊖ 引自《圣经》的一句话，意思是只看当下。——译者注

得过来的数量；必须将珍贵资源集中在最大的机会和成果上；必须只做少数几件正确的事情，并将它们做到卓越的程度。

要使经营更有效，管理者可以采用三种屡试不爽并经过验证的路径：

（1）他可以从"理想化企业"模式着手，即利用现有市场和知识获取最大成果或至少获取从长远来看对企业最有利的成果。

（2）他可以把可获得的资源集中在最有前景的机会上，并专注于此来获取可能得到的最大成果，从而使机会最大化。

（3）他可以使资源最大化，去发现（甚至创造）机会，从而使现有的优质资源发挥出最大作用。

在经济史上，每一个真正伟大企业的崛起无一不是基于这三种路径。

通用汽车的崛起

通用汽车的崛起是"理想化企业"路径的一个好例子。通用汽车是全球最大的汽车公司，也是全球最大的制造企业。艾尔弗雷德·斯隆（Alfred P. Sloan，Jr.）先是重新设计了通用汽车，随后作为首席执行官在长达 30 年的时间里带领公司逐渐崛起。他在 1964 年出版的《我在通用汽车的岁月》一书中讲述了这个故事。当他在 1921 年经济萧条时期接手通用汽车时，该公司正处于崩溃边缘。彼时的福特汽车凭借一款车型就在美国汽车市场占据了 60% 的市场份额，而拥有 8 个品牌的通用汽车却屈居第二，仅拥有大约 12% 的市场份额。8 个品牌中，赚钱的只有 2 个，其他 6 个都在赔钱——不光赔钱，连市场地位都快保不住了。

斯隆开始仔细思考美国市场上理想的汽车公司应该是什么样的。他提出一个用 5 个品牌来覆盖市场的设计：现有的 8 个品牌中只有别克和凯迪拉克这 2 个符合他的设计，可是它们都在高端市场。8 个品牌中有 3 个要彻底放弃，另外 3 个虽仍保留原来的名称，但会被全新车型取代。事实上，斯隆实施的就是"整体营销法"，而这个术语直到 30 年后才被创造出来。

斯隆的设计改变了汽车市场营销的观念以及与顾客打交道的方式。他将 5 个品牌逐个按价格和性能分成不同档次与市场上其他公司的同档产品展开竞争。在市面上较低价格档次的汽车中，通用汽车的价格最高，性能也最优异；但与高一个档次的汽车相比，这款通用汽车又是最便宜，配置最简单的。这样一来，低收入顾客只要稍稍再多花一点钱，就能拥有一辆外观和性能都远优于福特 T 型车的通用汽车。买得起中等价位车的顾客可以省一点钱购买外观和性能与中档车不相上下的低价通用汽车；也可以多花一点钱，买到一辆几乎堪称豪华的通用汽车。所有 5 个品牌都以独一无二的形象亮相市场，它们的目标都是成为同档次汽车市场中的领导者。然而，每一个品牌又与它在通用汽车中相邻两个档次的产品有所竞争。斯隆十分明智地认为没经历过挑战的成功是很危险的，因此，他为 5 个品牌各自都至少配备了一个来自"家族"内部的有力挑战者。

这项设计使得通用汽车仅用了 5 年时间就成为美国汽车制造业的霸主，而且是迄今为止最赚钱的汽车制造商。二战后，福特卷土重来，深思熟虑之后采用了斯隆的设计，并从通用汽车引入管理人员，而这些人都曾深受斯隆的观念和战略的熏陶。

在 20 世纪 20 年代初，斯隆的设计可谓十分激进，激进到他在通用汽车的同侪过了数年才接受他的设计。这个设计背离了当时所有的"已知事实"。他不是把潜在顾客一刀切地划分为一个追求同款价低的大众市场和一个量少价高的高端市场，而是认为顾客的本质是相同的，都想要批量生产但性能还不错的汽车，价格低且容易转手，而且还希望每年能推出车型，开起来顺手还不乏时尚感。

斯隆并没有试图做到与福特一样好甚至比它更好，以此来动摇福特的霸主地位。他从未想过把福特以前做过的事再照做一遍，即生产最便宜的、标准化的、　成不变的汽车。相反，他凭借福特还有其他汽车厂商都不可能生产的一种东西，让 T 型车成为过时的产品。这样东西就是车龄一年的二手车。也就是说在一年前，这辆车还是簇新的；作为"交通工具"，它可轻松媲美 T 型车；而且还有高档车的外观、时尚感和性能，价格却比 T 型车便宜。

在那之前，二手车市场一直是汽车厂商的眼中钉。斯隆却看到这是一个真正的大市场，为此，通用汽车在新车设计、销售和维修上，不仅考虑到当年能否获得新车的最大销售量，而且考虑到车主能否在此后一两年将车转售。

在中档汽车市场，斯隆发现价格差异不是最重要的，最重要的是汽车作为身份地位的象征作用。这就意味企业要通过一以贯之的独有造型来创造顾客的身份认同。例如，别克车就通过其特有的造型、定价机制、销售方式和促销模式，将自己等同为成功专业人士的标志。

对于高档产品系列，斯隆提出的问题是：哪种汽车可以卖出最高价但仍能保持一定销售量，值得大批量生产？这个从他脑子里冒出的念头在当时堪比异端邪说。豪华车必得手工生产和手工打造，量少价高，这一直都是不言自明的。斯隆上任之前，通用汽车就遵循这个原则生产凯迪拉克并且取得了不俗的业绩。可是斯隆用批量生产的、在生产线上装配的凯迪拉克取代了盈利颇丰、手工打造的凯迪拉克，前者成本低于手工汽车，实际性能却超过了除劳斯莱斯以外的所有汽车。正如雪佛兰不到几年就成为低价位车的标杆一样，凯迪拉克也由此成了高价位车的标杆。

应该强调的是，斯隆的设计既不是灵光一现，也不是多年埋头于数学模型和复杂的计算机运算的结晶。诚然，斯隆在接手通用汽车之前就对汽车市场有过诸多思考，但他当时主要关心的是配件业务而不是整车业务。他并没有为自己的研究投入大量人力，而是与公司管理者成立的一个小型委员会通力合作，只用一个月就完成了这件事。其间，他的主要任务是观察市场，然后向他手下的管理者和汽车经销商提问题。

由此可见，这项研究纵然用时很短，方法简单，看起来粗糙，其结果仍足以作为重大决策和行动的参照。经理们用现有的普通技术就能完成这项研究。当然如果想加快工作进度，他们也可以采用更复杂的技术。

斯隆花了好多年来实施这一宏伟擘画，如庞蒂克（Pontiac）经历了差不多 15 年时间才真正成为斯隆心目中的汽车。但是，从一开始斯隆的设计就有成果产出。而这是在任何领域尝试理想化企业——把企业设计成市场想要的样子——的必经之路。

第一代创新者

第二种主要路径是要问：什么是能带来最大经济成果的机会？

实现机会最大化的最佳范例来自两个人，他们各不相干，却都是电气工业的缔造者，可以说我们今天的电气化世界正是他们缔造的。他们一个是德国人维尔纳·冯·西门子（Werner von Siemens，1816—1892），一个是美国人托马斯·爱迪生（Thomas A. Edison，1847—1931）。他们二人加在一起对我们生存的这个世界的影响大大超过了亨利·福特（Henry Ford）和斯隆。

有人可能会问："西门子发明了什么？"这个问题的答案可以是"第一台实用型发电机"，但也可以是"电气工程"。有人可能还会问："爱迪生发明了什么？"有人会说是"电灯泡"，但也有人会说是"电力和照明工业"。西门子和爱迪生的确比其他任何人开发的技术研究方法都多。但是，当时还有很多人在从事相同的发明。我们甚至可以说，他们二人的每一项发明若不是在同一时间已有人预见过，就是有人替他们完善过。○然而，只有他们二人设计并缔造了重要的新产业。

他们非常清楚自己在干什么。对电力科技发展所开辟的新世界满怀憧憬，特别是为伟大的法拉第的成就欢欣鼓舞的绝不只有他们二人。然而只有他们问道：这种知识会开启哪些重大的经济机会？为了实现这些经济机会，我们还需要哪些额外的新技术发明和开发成果？西门子并不是因为自己有发电机才去开发电气化铁路的，他研究发电机是因为他已经预见电气化铁路将成为一个重要产业，特别是市内交通需要电动马达来提供牵引力。同样，爱迪生也不是因为发明了一个实用的灯泡，就去设计第一座配备有发电站、变压器、配电系统配套的照明设备和发电厂。他数年如一日地研究灯泡，是因为在他构想的综合性城市电力和照明工业中缺少这样东西。○

○　例如著名的《技术史》（由查尔斯·辛格（Charles Singer）编辑，牛津大学出版社，1958年出版）第5卷（1850～1900年）中就提出了这样的观点，其中毫不隐讳地偏向英国。

○　马修·约瑟夫森（Mathew Josephson）撰写的爱迪生传记《爱迪生》（纽约，1959年出版）对此事有详尽描述。

我们可以将这类人称为第一代真正的"创新者"。他们系统地定义了获得新知识和新能力的机会，即创新的机会。然后，他们着手研究以提供抓住机会所需的新知识、新能力和新技术。应该说他们也是第一代真正的"系统设计师"。

他们二人都很长寿，一生硕果累累；他们二人都是才三十岁就已是人中翘楚；他们二人在那时就双双缔造了新的产业，而不只是发明了某个新设备或某种新设计；他们二人都问了如下问题而使经济机会得以最大化——在电力应用哪个领域存在的机会，可以开辟最成功且最赚钱的新产业？

机会最大化未必意味着技术创新，日本发展成为现代工业国家的路径可以证明这点。

1870～1900 年，日本从一个以农村宗族为主的前工业化经济体转变为第一个非西方的现代化经济体。在此期间，日本不太可能推动技术创新，它的问题更多与社会创新有关，即如何建立一些机制，使得一个拥有自己的文化、传统和社会结构的彻底非西方国家接受和采纳西方的技术和经济学。

在这个时期，日本主要的家族企业——财阀（Zaibatsu）承担了国家经济发展的重任，它们始终如一地追求机会最大化。它们问道：我们发展到现阶段，哪些产业能为日本和我们的企业带来最大的经济机会？答案可能是：船运公司、人寿保险公司、纺织工业等。这个答案反过来又证实了社会创新势在必行，比如，它们需要一种工厂组织，将日本的人际和社会关系传统与现代工业生产秩序加以融合。正是因为有意识地聚焦机会最大化，日本才成功做到了许多非西方国家迄今为止都没做到的事情——以相当快的速度发展成一个现代化经济体，却没有造成多少社会混乱和政治动荡。

成功的规划总是以实现机会最大化为基础。苏联的规划基于一套理论，即将企业家视为将资本投资机会最大化的代理人。（关于这个概念的起源、皮埃尔兄弟（Brothers Pereire）在他们的银行风险事业"动产信贷银行"（Credit Mobilier）的第一次实际应用及其对整个欧洲的影响，请参见第 11 章的简要描述。）

不过，也有许多规模略逊却不失成功的例子。美国的西尔斯公司和英国的玛莎百货都曾是首屈一指的零售企业，它们持续不断地问自己：有哪些机会可以做一些不同以往、有别他人的事情，从而可能带来最大的经济成果？两家企业的经历表明这是一个动态问题，每隔几年就会有新的答案。相比之下，一家理想化企业一旦设计出来并发挥成效，很可能在相当长一段时间里都会保持其特征。

罗斯柴尔德家族是如何兴盛的

第三种路径是把资源的作用发挥得淋漓尽致，在此最具启发的例子莫过于罗斯柴尔德家族（House of Rothschild）的兴盛过程。它的兴盛绝非必然。18 世纪 90 年代后期，罗斯柴尔德王朝的奠基人梅耶·阿姆斯洛·罗斯柴尔德（Meyer Amschel Rothschild）彼时只不过是一个小镇上的放债人，在各大国际金融中心中籍籍无名。可是不到 20 年，也就是拿破仑战争结束时，罗斯柴尔德家族就无可争议地跻身欧洲的金融巨头之列。它与法国和俄罗斯诸强平起平坐，对势力弱小的皇亲贵族和统治者更是不放在眼里。罗斯柴尔德家族之所以在短时间内飞黄腾达，是因为它有系统地使家族资源最大化。

这个家族有四项顶级资源，就是四个排行靠前的儿子——内森（Nathan）、詹姆斯（James）、阿姆谢尔（Amschel）和萨洛蒙（Salomon）。他们的父亲（或者更有可能是母亲），为他们每个人都发掘并挑选了最适合其才干和个性的重大机会，也就是让他们个体"资源"发挥到极致的机会。

内森最能干，最敢冒险且富有想象力，但他为人粗鲁、傲慢。于是，他被派到伦敦，其时伦敦乃是世界最大的金融中心，也是竞争最残酷的市场。咄咄逼人的商界人士每天在那里为了争夺金融和经济势力厮杀，他们压根儿顾不得风度和礼仪，只算计硬通货。

詹姆斯驻守在拿破仑辖制的巴黎。巴黎是当时及此后一个世纪欧洲大陆最大的资本市场，也是金融世界最凶险诡谲之地。与詹姆斯·罗斯柴尔德同时代的巴尔扎克（Balzac）在小说中描述的那些金融圈的勾当和圈套不全是虚构的，当时的巴黎，受政府或竞争对手收买的间谍无孔不入。金融是一个政治营生，然而当时巴黎的政治局势很不稳定，摧毁了许多当时和此后比罗斯柴尔德家族更强大的金融巨头。而这正好让詹姆斯如鱼得水，事实上把他放到其他任何地方可能都是"明珠暗投"，他是耍手腕的高手，从早年起就一直是家族里的政治战略家。

温文尔雅、耐心十足、一副装腔作势高贵做派的萨洛蒙去了维也纳。那里的银行业仍然意味着要跟一个客户打交道——哈布斯堡王朝

（Hapsburg Court），这家人喜欢没完没了扯皮，优柔寡断，拘泥于各种繁文缛节，散发着不可一世的贵族气质。再就是法兰克福，这里虽是罗斯柴尔德家族的老家，却是欧洲所有金融中心中最无足轻重的一个，最后它成了家族"总经理"阿姆谢尔的大本营。阿姆谢尔为人勤勉，尽职尽责，除了坐镇总部提供后援之外，他别无兴趣。他整日写信向兄弟们传递各路消息，由此建立并经营着一个幅员辽阔的私人信息和情报网。在没有日报、邮局、电报和电话的时代，这个可靠的、近乎垄断的信息情报网令罗斯柴尔德家族得以快速获悉世界各地发生的大事。而阿姆谢尔最大的贡献可能还是在人事领域。他遴选、招募并培训了大批德裔犹太少年，他们甘愿默默无闻，担任罗斯柴尔德家族事业的保密文员和经理人员，最后都成长为家族事业的中坚。

不过，更有启示意义的是罗斯柴尔德家族没去干的事。他们没给第五个儿子卡尔曼[⊖]（Kalmann）分派任何机会，而是把他送到了意大利的那不勒斯，罗斯柴尔德家族与那里的王公贵族没有任何生意瓜葛，因此家族地位或财富不会遭受重大损害。但凡家族想给卡尔曼一个机会，他会有各种重要的差事可做。汉堡和阿姆斯特丹也都相当重要，家族有理由在那里发展业务伙伴并建立代理机构。罗斯柴尔德家族还看到了大西洋彼岸羽翼未丰的美国的机会。然而以罗斯柴尔德家族的高标准来衡量，卡尔曼的能力算不上出众，而且也不及其他兄弟勤奋。而资源最大化有一个绝对法则，那就是永远不把机会赋予"非资源"，即庸才。那样做不能把机会转化为优点。更何况每一个机会都对应着一个风险，因此如果把机会交给庸才，他

⊖ 此处应是德鲁克记忆有误，据史料卡尔曼是罗斯柴尔德的四子，比詹姆斯年长4岁。——译者注

们必定会带来危害。如果某人有一个像卡尔曼一样的"第五个儿子",作为家人当然得妥善照顾他,把他当公子哥儿供着要比让他把握机会所付出的代价低。

关键不是通用汽车、爱迪生和罗斯柴尔德家族发展得有多么强大,而是他们几乎都是从底层起家的。无论是分文不名的普鲁士军官西门子,半聋的、几乎没进过校门的小差役爱迪生,在充斥着傲慢与偏见的贵族社会里打拼的愚鲁的"乡巴佬"罗斯柴尔德家族,还是1860年欠发达的日本宗族,他们除了一套系统化的路径外,全部都是从零开始的。虽然通用汽车在1920年算是一家大公司了,可它也只是屈居福特之后的可怜"老二"。当然,有人会反驳说,就算不采用这些路径,西门子和爱迪生也会成为尽人皆知的发明家,罗斯柴尔德家族也会成为声名远扬的银行家,通用汽车也会成为一个大企业。然而,帮他们赢取领先地位的是系统化的路径。正是因为有了这些路径,他们才能将自己的能力用到时代和历史赋予他们的机会上。

所有这三种路径都有一个共同点——它们立足优势;它们寻求机会,而不是问题;它们注重可获得的成果,而不是躲避危险。事实上,这些路径是相辅相成的,各自分别适用于不同的功能和目的。它们合在一起,将分析所得的洞见转化为**有效行动的规划**。

首先,全面透彻地思考理想化企业的设计,可以决定一家公司为取得成效所应选择的方向。它会设立根本目标,确定理论上经济绩效的最优值,以此衡量实际的成果是好还是差。

其次,机会最大化告诉我们如何将企业从昨天推向今天,从而为明天的新挑战做好准备。它让我们明白当前活动哪些应该推进,哪些应该放弃。同时它也带来一些新东西，可能使我们在市场或公司知识领域内的成果倍增。

最后，资源最大化是从洞见通往行动的阶梯。它会确定优先事项。把资源集中在优先事项上，以此确保企业将能量和工夫都投入在能产生最大成果的工作上。

靶标和时间

理想化企业的设计，为企业确定了方向，也使企业为要投入的工夫和要取得的成果设立靶标（target）成为可能。

理想化企业的设计借由其成果和其自身有效性的反馈来自我控制。一家企业越是靠近理想设计，其盈利能力就应越强。一旦盈利能力停止提升，即使实际的企业仍在往理想方向靠近，原来的这个设计也需要重新研究。十有八九它已经过时，毕竟最好的设计也不可能经久不衰。在 1957 年福特推出的埃德塞尔车系失败之前，斯隆先生的理想化企业模式在长达 35 年的时间里都被证明是有效的，能持续这么久已非比寻常。二战之后，福特东山再起，效仿了斯隆的设计。埃德塞尔原本要成为福特汽车公司重建计划的压轴力作，可它照着学的却是斯隆早年在通用汽车的杰作。

在设计理想化企业时，有一个元素非常重要，即确定任一指定业务出成果的时间段，就叫它成果呈现期（present）吧。成果呈现期因企业的不同而有很大差异。

在这方面，有两家飞机制造公司——柯蒂斯－莱特公司（Curtiss Wright）和马丁公司的命运对比堪称最佳例证。20世纪40年代末，柯蒂斯－莱特公司的实力还在马丁公司之上，它是美国第二大飞机发动机制造商，在民用飞机和军用飞机的发动机领域都稳居领先地位，订单堆积如山，财力雄厚。相比之下，马丁公司则是一个孱弱的机身制造商，没有什么与众不同的产品，深陷债务，整个看上去像个老去的"战时婴儿"（因战争需要而大力发展的企业），前途渺茫。但是，马丁公司的新管理层提出了一个8～10年成果呈现期的计划，他们认为这是在大规模系统性工作中开发一种新技术所需的时间，比这一周期再短的研究没有意义，也得不到回报。这便意味着这家企业得成为某样在1950年还不存在的事物——一家航天企业，而不是升级后的飞机企业。

柯蒂斯－莱特公司没有做过这种分析，它的思维还停留在二战期间，更注重生产而不是新设计。柯蒂斯－莱特公司的成果呈现期是1～2年。虽然它花在研发上的钱可能超过任何一家飞机公司，10年后却在企业界近乎销声匿迹。它对成果呈现期的定义使得管理层不得不将任何在24个月内不能产生回报的项目拒之门外，结果导致公司的很多研究项目颗粒无收。相比之下，马丁公司只投入相对少量的研究经费就建立起一个领先且成功的航天系统的企业。

市场同样也有一个呈现期，即市场产生显著成果的时间段。

　　通用汽车在 20 世纪 20 年代中期就了解到，汽车市场呈现期的时间跨度是 5 年。这是一个完整的周期，包括 1 年好光景、1 年差光景，3 年一般光景。这是由二手车市场的逻辑决定的。通用汽车把这个周期纳入资本投资、绩效评估和开发规划工作。根据一条经常公布的公式计算[⊖]，资本投资是以 5 年周期平均产能利用率（capacity utilization）为 80% 的期望报酬率（expected return）来评断的。如果整个周期内的投资期望报酬率低于某一数值，或者产能利用率平均低于 80%，对应的投资提案就不能接受。同样地，技术开发工作的时间跨度也紧接着设定好了，最短的是 3 年（汽车设计中车型的改变，款式微调除外）；最长的是 5 年（不包括基础研究），这与汽车市场的呈现期一致。

这些例子表明，确定一家公司或一个行业成果呈现期的时间跨度，大致决定了企业要投入哪些工夫。急功近利之举浪费的可能不止时间，还有资源和资金。将时间跨度设定得过短，禁止为任何超出这个期限才能见到的成果投入工夫（有如柯蒂斯－莱特公司所为），这等于宣判一家企业"断子绝孙"。

也许，设计理想化企业的最佳方式是先大略画一张草图，然后随着往前推进，逐步加以修正和完善。不然的话，可能设计方案早已过时，而你

⊖ 它第一次出现应是在 1927 年。

还在修改、打磨、改善。快速取得重大成果是非常重要的，这是因为企业一旦坚定地朝着愿景迈进，最显著的绩效和成果改善就应该有所显现，最初的几步理当迈得大一些。

从昨天到今天

想要机会最大化，就要寻找"七里靴"[⊖]，以此让理想化企业成为现实，尽早获取所能得到的最大利益。

比照理想化企业的设计，对现有企业进行分析，可以将企业的所有产品、市场、分销渠道、成本核心、活动、工夫投入分为**三类**：

- 一类是高优先级别的，因为企业在此有很大机会取得非凡的成果，因此必须不遗余力地推进
- 第二类也是高优先级别的，其中的机会在于什么都不做，也就是快速和有目的地放弃
- 第三类是来自产品、市场、知识工作等各个领域的大量陪跑者（also-rans），不管它们是奋力超越对手还是弃赛，都不会让企业取得显著成果

将"放弃"称为"机会"可能令人不解。然而，有计划、有目的地丢

⊖ 欧洲民间传说和童话中的一种魔靴，穿上它一步能跨出 7 里格（古老测量单位）。7 里格在陆地上约等于 34 千米。——译者注

弃那些陈旧的、没有回报的东西，是成功追求有前景的新鲜事物的前提。最重要的是，放弃是创新的关键，这既因为它能释放必要的资源，也因为它能刺激企业去寻求新事物，来取代旧事物。

需要推进的领域与放弃的东西是相辅相成的，因此应一视同仁，给予同等的优先排序。

需要**优先推进的领域**很容易识别。只要领域中有成果顺利产出并数倍于成本，这些领域都应该推进，它们一向是最符合理想化企业设计的产品或市场。

通用汽车的经验很有代表性。别克和凯迪拉克这两个品牌在 1921 年都是利润可观的产品，而且都在市场中居于领先，也是该公司 8 个品牌中仅有的 2 个符合理想化企业设计的产品。

例如，应该优先考虑的典型成果区是：

- 明天的生计来源和睡美人
- 为开发出后天的生计来源，以此取代明天的生计来源所需投入的工夫
- 重要的新知识和新分销渠道
- 削减成本结构中高昂的支持性成本、高额监察成本和浪费

潜力巨大的区域通常都不会出现资源供过于求的现象。因此，重要的不是看给这种区域的预算是否过高，而是看是否高到足以带来成果。

需要**放弃的"选手"**（the candidates for abandonment）常常也是一目了然的。

首先是管理层自以为是的投入，不划算的专用产品也在此列。

然后是不必要的支持性活动，以及无须费力就能消弭的浪费。

昨天的生计来源几乎总是应该较早放弃的。它可能仍在产生净收入，但很快就会成为明天的生计来源的绊脚石，阻碍后者问世及成功。因此，企业应该在真想放弃昨天的生计来源之前就割舍它，根本不该等到迫不得已才为之。

总而言之，获得增量收益需要付出的成本，只要超过可能获得的回报的一半，就可以考虑放弃该"选手"了。并不是说一项活动看上去不产生花费就够本了，它应该持续产出成果才对。而且不管什么活动，其隐性成本之高总是远远超乎所有人的想象，也总是远远超出所有会计系统显示的结果。

雇用一个人的成本一般最低也是其周薪或月薪的三倍。他需要工作的场所，需要供暖和照明，需要在更衣室里有个储物柜；他工作时需要使用材料、办公用品、电话，等等；他还需要一个主管来指导他。他有上百种看不见的方式来产生成本。

每一个放弃提案都会遭到反对。人们为了保留那些没有成果、没有前景也没有回报的事情举出各种理由，说穿了不过是一些借口。他们最常用的托词总是：

"我们必须增长，我们缩减不起。"

但是，增长归根到底是成功的结果；是提供了市场所需、所买、所支付之物的结果；是有效利用经济资源的结果；是创造利润以备扩张及应对未来风险之需的结果。通用汽车放弃或彻底改造了 8 个品牌中的 6 个，才带来了巨大的增长。

这种托词是一种诡辩，它混淆了脂肪和肌肉，把工作上的劳碌与经济成果混为一谈。不产生成果的活动是在浪费物质。它们是一种负累，就像超重的负累一样，让人使不出力气。

在一个扩张的经济体中，管理层是需要有增长意识的。但是增长意味着要善用经济扩张提供的机会，而不是说为了追求销售量去做错误的事情。只要企业聚力以赴做正确的事，销售量很快就能上来。

每家企业都有一些不太显眼的产品、服务、活动、工作，它们既不是需要企业聚力去培育的"种子选手"，也不是"需要放弃的选手"，它们构成了企业需要考虑的第三类——大量的**"陪跑者"**。

其中有今天的生计来源，时而还包括能产生效益的专用产品。这个类别也是成本核心，是相当大的成本负担，企业得下大功夫才能使之降低，而所下功夫与可望获得的成果并不成比例。在这里还会找到各式各样可补救的产品、服务和市场等，只有采取一些重大的改动或修正措施，才能重新赋予它们价值。

针对陪跑者的主要原则是：它们在汲取资源时绝不能以牺牲重大机会领域的利益为代价。只有等重大机会领域悉数获得所需支持后，如若资源还有富余，才能考虑分配给陪跑者。如果优质资源已经投给了陪跑者，那么只有等确定这些资源不能在重大机会上做出更大贡献时，才可以留给陪跑者继续使用。

在现实中，企业难得有富余的资源分配给陪跑者。在陪跑者中，通常只有能产生效益的专用产品才配使用它得到的所有资源。而其他陪跑者汲取的资源，几乎总是那种在别处会产生更大效益的资源。

因此，陪跑者不得不将就着使用它们已有的资源，或者尽量少用资源。只要它们产出成果，就要将它们置于"产奶状态"，企业可以留着它们挤奶，但不能给它们再"投喂"饲料。而一旦这些"奶牛"的产奶量急遽减少，就应该将其宰杀。

前瞻计划

将现有企业升级，可以让我们把事情做得更好。但是，应该做些什么有别以往的事情呢？

这里有两类截然不同的机会：

- **替代**，用完全正确的产品、活动和工作替代近乎正确的当前产品、活动和工作
- **创新**，虽然这个类别覆盖范围较小，但机会却是最大的

替代这种机会只有在对某个近乎正确的产品做一点微小改进，就能将其转变成符合理想化企业设计的产品时，才值得企业优先考虑。

替代和开发的区别在于：替代意味企业需针对市场现状和市场需求提出一个不同的构想，或提出某种不同方法来利用企业知识。一种新型的包装材料，不管在技术上设计和生产起来有多难，

都只是一项开发成果。相比之下，一种新的包装概念，如把需要运输的货物放在适合铁路平板货车或高速公路卡车的托盘上或集装箱里，则是一个新构想，是一项替代方案。在斯隆重新设计的通用汽车中，承担替代角色的是 3 个品牌——老式的低档车雪佛兰、奥克兰（后来的庞蒂克）和奥兹莫比尔（Oldsmobile），它们除了名称没变，其他全部脱胎换骨了。这些牌子的车型原本就很受顾客欢迎，有完善的经销商体系，也有基本设计。它们缺的是对自身功能、市场地位、合适的定价策略以及管理方面的清晰构想。对美国位于市中心的百货公司来说，郊区的购物中心差不多算是一种替代。这些作为替代方式的购物中心，让郊区顾客平时购物的地方也有了百货公司才有的基本优势——商誉和商品规划知识。

替代方案绝不能有太高的技术难度。它应该从以下认识中得来："现在我们突然明白这个产品、这个市场、这个活动不对劲儿的地方是什么了；现在我们突然明白我们做错了什么了，或者什么该做我们却没做。"在替代方案中，产品本身不需要改变多少（若连"近乎正确的产品"都不是，就不必为它浪费时间和工夫了），需要改变更多的是企业本身看待、呈现和使用产品的方式。

创新是设计和研发出某种新的东西，这种东西是到目前为止闻所未闻且不存在的新事物。创新是利用旧的、已知的、现有的元素来构建一个新的经济完形结构（economic configuration），并赋予这些元素一个全新的经济维度。创新就是元素和系统间的那个缺失环节，它将一些断开的、作用微乎其微的元素整合起来，成为一个强有力的综合系统。

我们说西门子或爱迪生这样的人缔造了一个新产业，指的正是在这一"系统"层面的创新。所有元素都已就绪，只差一个元素就能启动。加入这个新元素，就会创造一种全新的经济实力。

还有很多其他例子：

西尔斯公司有了向农村顾客保证"无理由退款"这一创新，才有了自己的业务。此前，一家成功的邮购服务公司所需的各种元素在西尔斯公司这里一应俱全，它所缺的只有一样简单元素：顾客的信任。

IBM 也一样，它缔造计算机产业凭借的是编程理念的创新，使之成为一个就连高中生也可以在短期内掌握的独特功能，填补了技术高度复杂的机器与未经技术培训的潜在顾客之间的鸿沟。

斯隆的创新在于构想，他认为各个汽车制造企业应该有计划、有组织地满足整体市场所求，而此前通用汽车和其他所有汽车厂商都把自己看作单个的生产商，各尽所能地迎合所有的潜在顾客。

美国汽车公司（American Motors）推出了"紧凑型"的创新车型，虽然是最小型的车，却仍给习惯开大型车的人提供了足够的空间和性能。

创新不是发明或发现。创新可能既需要发明也需要发现，而事实上也总是如此。但它的重心并不在于知识而在于绩效，在企业中就是经济绩效。创新在本质上是概念性的，而不是技术性或科学性的。创新者的特点是能够把其他人认为毫无关联的独立元素作为一个系统来规划。创新不是搞得越大越好，而是能小则小。再重复一遍，创新就是成功地找到并交出那块最小的缺失的"部件"，用它把已有的元素（知识、产品、顾客的需求和市场）转化为一个新的、更富有生产力的整体。

想要发现创新能在哪个领域带来最大机会，我们要问的是：还差什么才能让前景在望的事情产生预期的结果？还需迈出哪一小步才能使经济成果发生转变？还要做哪些微小改变才能全面提升整体资源的实力？

描述需求并不是设法满足需求。不过，描述需求可以给出一份针对理想成果的详细说明。接下来就能确定能否取得这些成果。创新适用于发现企业的潜能并打造企业的未来，但它的第一个用途是作为战略让今天变得卓有成效，让目前的企业更接近理想化企业。

看绩效用人

一项行动规划的关键是资源的分配，尤以用人决策最为重要。用人决策没被做出并实施，就等于什么事也没做。

高素质人才是最稀缺、最富生产力的资源，部署这一资源要遵循资源最大化的原则。没有几家企业能坐拥与罗斯柴尔德家族四个儿子相媲美的资源，但每家企业若想得到成果，都应以罗斯柴尔德家族为榜样。

必须始终将一流人才分派给重大机会，分派给每一分工夫投入可望带来最大回报的领域。同时，必须始终为一流机会配备能力和绩效都出类拔萃的人才。如果重大机会无可用资源，我们必须去打造这些资源。若没有高质量的资源，我们绝对别想抓住重大机会；而高质量的资源绝对不能配置到重大机会以外的地方。我们不能为二流机会创造资源。

然而，要在实践中遵循这些原则并不容易。首先我们会遇到"卡尔曼·罗斯柴尔德之辈"，这些出自显赫家族的公子哥儿即使能力不济，只要忠心、守本分，也会受到关照。给他们一个挂名的闲差总比把重大机会托付给他们更保险，代价更低。让他们做一份闲差，成本不过是给他们开一份薪水；将一个重大机会托付给他们，糟蹋掉的可能是一桩重大新业务的潜在回报。

还有一个决策也同样不被悦纳，即放弃二流机会，令其自生自灭。可是如果我们不狠心，一流机会就会被饿死。

不过，最大的诱惑还是在各处遍施一流资源，而不是把它们集中起来。想逃避优先排序决策的痛苦太容易了，只需叫能干的人对不太能干的人"随时恭候提供支持和建议"，而叫他这么做的人所依凭的借口总归是"反正也就花他一两天时间而已，不过是偶尔为之"。但是很快地，这几个凤毛麟角的真正良才就会只顾着扶持弱者和二流机会，其他事都不做了。若想使长处发挥成效，必得将其汇聚一道。任何重大机会都是一次挑战，必得全神贯注和全力以赴才能应对。

看绩效用人的确是一件劳心费神的事，所以经理人员应该严于律己，采取心理学家说的"强制选择法"（forced-choice method）。

首先将重大机会列个清单，并为每个机会排序。这是我们做的第一次强制选择，因为每个机会的排名一是一，二是二，不能模棱两可。接下来，要对一流人才和团队也采用同样的步骤，也就是再次用强制选择法来对其排序。然后，将所有排名高位的人力资源都分派给排名最高的机会。然后轮到排名第二的机会，再然后轮到排名第三的机会，依此类推。在人员配备方面，绝不能为了照顾排名较低的机会而牺牲排名较高的机会。

在这个方法中，机会和人才的等级排序才是真正的决策，做好这两项决策，其他的部分自然水到渠成。

用人决策是关键性决策，它决定了企业是有一个追求成效的规划，还是只停留在一纸空文。

发现企业的潜能

古谚有云："机会在你找到它的地方。"而不是说"……在它找到你的地方"。运气、偶发事件、灾难会对企业造成影响，犹如它们会对人类一切努力所做的那样。但运气从来不会造就一家企业。繁荣和增长只属于那些能系统地发现和利用自己潜能的企业。面对挑战和机遇，一家企业哪怕准备得再充分，其表现还是远远达不到最佳水准。它的潜能比它发挥出来的实力大得多。

危险和劣势（weakness）预示的正是企业可寻找潜能之处。将其从问题转化为机会，能为企业带来惊人的回报。而要完成这个转变，有时只需要管理者改变一下态度。

以下三个问题会让我们看出一家企业隐藏的潜能：

- 有哪些制约因素（restraints）和局限性（limitation）使企业不堪一击，妨碍其充分发挥成效，并抑制了它的经济成果
- 企业在哪些方面有失衡的状况

● 我们害怕什么？我们看到的对企业构成威胁的是什么？怎样才能把它当成机会加以利用

劣势变机会

为什么有的企业（或行业）面对一点点经济波动也会脆弱不堪？是什么让其产品无法应对新产品或不同产品的竞争？有没有哪个单一因素限制它充分发挥经济实力？

虽然这些问题极少能立刻得到答案，但大多数管理者对其公司和行业的制约因素、软肋和局限性都心知肚明。令人头疼的是这些问题极少被问及。管理者们惯于假定这种状况改变不了。他们的常见态度是"要是我们知道如何克服自己流程的局限性，我们老早就做了"。的确，这一流程可能代表了现在最先进的知识，但若说它再没什么可改进的了，那未免太过绝对。

二战后美国钢铁工业的发展，可以体现出这种软肋以及它对一个行业造成的影响。

二战结束不久，某大型钢铁公司委托一群在行业结构和市场分析上经验丰富的青年经济学者对美国钢铁需求做一个预测报告。该公司原本期待的是一个对增长趋势的普通预测，即把钢铁需求与国民收入和生产联系在一起。然而，学者报告的重点并没放在根据趋势进行推测上，而是放在了对基本假设做出的分析上。令该钢铁公司管理者大为惊讶的是，经济学者对"钢铁是现代社会

必不可少的基本工业材料"这一假设提出了质疑。这是因为其他
材料正越来越多地担负起过去钢材才能担负的许多功能，而且当
时采用的炼钢流程在成本上有很大的局限性，使人对它的竞争力
产生怀疑。

19世纪中期发展起来的炼钢流程需要淬火三次，因此就要求
制温三次。此外还必须将物料移动很长的距离，并且要在高温熔
融金属形态下搬运，而这种形态搬运起来着实很难。然而，不管
是从物理学还是从经济学上讲，成本最高的两项任务就是制温以
及移动和搬运。由此，机械化分批处理流程的所有各项成本都被
纳入钢铁行业的经济结构。其他材料（特别是塑料、铝材、玻璃
和混凝土等）的流体蓄热流程比钢材更经济实惠。而且，从建筑
工程到包装行业，这些材料在许多主要的最终用途上已呈现出令
人满意的性能表现，而传统上，钢材是满足这些用途的唯一可用
材料。

同时，报告继续指出，越来越多的证据表明，炼钢流程受
到的一些基本限制正在得到解决。虽然此前只有微乎其微的进步
和改良，但是这些新方法可能在极短时间内就引发根本性的技术
变革。

钢铁公司委托经济学者做这项研究，其初衷是指望能得到快速扩大产
能的建议。其实，公司内有几位偏保守的高管是反对过这项研究的，认为
研究结果可能会怂恿无节制的过度扩张。谁知研究结论与他们预料的完全
不同。

这些经济学者提出两条建议：第一条建议呼吁，在炼钢流程的经济性得以根本转变之前，增加产能要格外谨慎，除非在某种产品和市场中，使用钢材比使用其他有潜在竞争力的材料具有25%的价格优势。第二条建议呼吁，公司要加快那些聚焦于基础流程创新类项目的研究。

当初下令做这项研究的公司高管当即驳回这些建议，斥之为"典型的学究式扯淡"。不过，事实证明这项研究是有先见之明的。

战后那些年头，美国钢铁工业基于旧有假设，大力推行扩大产能计划，增加了大量昂贵的采用老式流程的产能。需求确实存在，但对钢材的需求量远低于对其"新对手"的，这些有竞争力的新材料大举入侵曾被钢材独霸的市场（而且它们可能蚕食更多的钢材市场，例如一旦玻璃纤维用于汽车车身，它就会与钢板展开竞争）。欧洲和苏联的钢铁行业不问青红皂白，喜滋滋地紧随美国之后，它们也基于旧有假设来扩大产能，以为钢铁需求和经济活动之间的传统关系仍将持续。孰料就在同一时间，钢铁生产企业直到1950年都还认为"不可能"出现的技术变革已经开始上演——例如，连铸工艺以及高氧转炉的出现大幅提升了热能利用率和炼钢速度，并且降低了移动成本。

因此，1955年以前为扩大钢铁产能所做的大量投资（即美国和苏联在战后投入的大量资金）可能永远都无法收回相应的回报了。赫鲁晓夫（Khrushchev）在1962年也不得不承认，他擘画设立的钢铁厂远远超过苏联实际用得到的。这些产能要么得不到充分利用，要么生产钢材的成本远高于市场愿意支付的。不过，自从 1955 年新的流程工艺面世后，钢铁企业建造的产能不仅应能重振钢材在许多市场中的竞争地位，而且应能以较低的产量和较低的价格获得较高的回报。

我之所以如此详细地叙述这个故事，是因为它揭示了以下几个要点：

● 软肋和制约因素通常是大家都能看到的，而且很容易确定，做研究的青年经济学者虽对钢铁及其技术知之甚少，却依然能根据钢铁行业的人告诉他们的情况开展研究

● 在业内人士看来，为了克服这些软肋而提出的任何基本改变，都像是无稽之谈，不可能完成。但是，就在大家都还在嚷嚷着改变不可能发生的时候，产业变革已酝酿就绪

● 只要这种制约因素或软肋能够改变，就可能带来巨大的经济成果。因此这种制约因素堪称一个重大机会

● 想要克服这种制约，几乎总是少不了系统性创新。也就是要通过分析定义新的企业实力或知识，并有系统地开拓这一实力和知识

应该留意三大领域的制约因素：流程（如钢铁行业所示）、行业的经济性、市场的经济性。

（1）不管什么流程，如果同时导致用销售量和价格表示的盈亏平衡点偏高，这一流程就会成为企业（或行业）的软肋。在理想状态下，企业的盈亏平衡点当然应该保持在低产量和低价格上，至少不应在产量和价格上一

成不变。如果一家企业除非产能达到 98% 且价格卖到旺季的价格才不会亏本，那么这家企业就极为脆弱。

不论在何处发现上述情况（可惜这种情况相当普遍），都说明流程设计过头了，损害到了它的经济性——其设计是为了达到最佳物理性能而非最佳经济绩效。例如，有些"最现代化"的造纸厂为了把高速精加工作业与高速纸张成型流程整合起来，砸了很多钱，也花了很多心思，结果这种机器的确生产出了数量惊人的成品纸，但仅限一种类别和一个等级，只要需求稍有变化，整个流程在经济上就得不偿失。

第 5 章探讨过的船运业的"过程经济学"（process-economics）更复杂一些。从吨位和盈利上说，船运本应是主要增长型行业，因为飞速发展的国际贸易业仍有赖于远洋货轮这种主要运输工具。但是，一代又一代的船舶设计师都把关注点放在货轮在海上航行时的"表现"，而不是其在港口停泊时的"表现"，实际上令港口作业（主要成本元素）变得更加费时费力。由于流程设计选错了重点，远洋船运如今并无增长。尽管获得巨额补贴，它仍面临与铁路同一下场的威胁——被另一种主流运输方式取代，在此是指货运飞机。其实，船运并非天生处于劣势，有些运营十分成功的远洋货轮（像油轮、运矿石或香蕉的货轮）可以作证。这些专用散装货轮在设计时考虑的是装卸作业，而不只是追求在海上航行的高速度或低成本。

预防总比治疗更容易，所以在设计新流程时，尤其涉及自动化时，应该始终致力于在经济绩效与工程设计性能之间取得平衡。如果设计得当，自动化控制应该使流程变得更加灵活，也就是说既能在最优条件下（如对某标准化产品的需求量大）取得最优经济绩效，也能在次优条件下（如需求量降低，或产品及订单组合急剧波动）取得最优经济绩效。相反，许多自动化仍在重蹈造纸设备设计人员的覆辙，牺牲了经济绩效和生产柔性，只追求以最快速度生产出今天的产品。这种设备自运转之日起，实际上就已经过时，因为今天的产品不会永远是长久适用的产品。除非将流程的经济性也纳入自动化设备的设计；也就是说，除非充分发挥出自动化原有的作用，使柔性生产和多样化帮企业省钱，不然，今天的自动化奇迹就会变成为明天的软肋。

（2）再一次以造纸为例来说明影响某个行业经济性的制约因素和软肋。

纸张与钢材一样也是多用途材料。纸张的增长速度比钢材还快，往往数倍于总体经济增长速度。然而，纸张与钢材一样，都面临着新材料层出不穷的局面，每种新材料都比纸张更适合某种特定用途或应用领域；而且纸张和钢材一样，与新材料一比就显贵了。

造纸流程用到的树木不超过整棵树的 1/4 部分，树的一半木材留在森林里，另外 1/4 以树皮、树叶、小树枝以及木质素类有机化学物质的形式被扔掉了。可是造纸厂却必须支付整棵树的费用。如此一来，造纸的原材料纸浆比生产塑料的原材料来得更贵，生产塑料的原材料通常是石油炼制的副产品，几乎是不花钱的。

如果造纸业能把现在被浪费掉的 3/4 的树木变成可销售的产品，那么纸张还能再次便宜下来。不然，纸张现在作为一种多用途材料，却可能只限于少数几种用处，而造纸业可能会慢慢萎缩，不会随着经济增长而增长。

造纸业的人会立马说，至今还没有人知道如何利用被丢弃的 3/4 的树木；他还会说自己为开发木材的化学利用方法可是下了大功夫，但迄今为止收效甚微。换言之，他想表达的无非是造成这种情况不能怪他，他是对的。但是，说自己对这样一个根本性的制约因素有些无能为力，这个说辞并不能改变一个事实，即这个制约因素它就在那儿并且可能危及一个产业的未来；这个说辞也不能改变另一个事实，即摆脱其制约将会对一个产业的经济潜力带来非比寻常的影响；简而言之，这种说辞不能改变一个事实，即哪怕前景再令人沮丧，产业也得在这方面坚持努力，因为变化总是说来就来。

（3）最后，制约因素及其造成的软肋可能存在于市场的结构和经济性中，与公司或行业的结构和经济性相抵触。

第 6 章提到过这样一个制约因素——顾客明显的非理性行为，也就是说，顾客的行为看上去不但与供应商的利益相悖，与他们自己的利益也相悖。不过，在技术或经济系统中也可以发现同样严重的软肋，它们使顾客利益无法变成企业的资源和供应商的利润。

住宅建筑是这方面的一个例子。在美国住宅市场上，一套廉价的房屋与一套中等价位的房屋之间的差价只有 25% 左右，但品质却有天壤之别。廉价房屋很快就会变得破烂不堪。用不了几年，常常是房贷还没还完，房主要么搬进一幢更好的房子里居住，要么他们的大部分投资都打了水漂，被迫栖身于日益破败的社区中一所日益破败的房屋里。贫民窟不是贫民窟的居民建造的，而是从新住宅以这种模式建造时就形成了的，这些房子注定很快就会变得破破烂烂。当然，问题的症结是首次买房的年轻夫妇只买得起最便宜的建筑单元，而这种住宅在今天就意味着很快会变得破烂不堪。[⊖]

这里所说的制约因素在于传统的建造房屋的方式。我们需要的是一种或被称为"可加盖式房屋"（add-on house）的建筑。起先共同生活的年轻夫妇应该能够买下一幢质优价廉的住宅主体部分，随着收入增加，或者等还清最初的住房抵押贷款后，他们则可以在住宅主体基础上加盖一些单元或功能部分。这样，他们就有可能不断给自己的房屋升级改良，增加其价值。而这将打消或至少是大大减弱成功家庭搬离其最初居住社区的动机，要不然就会使这些社区变成一个社会底层的聚居地，最后沦为贫民窟。同时，这种模式可创建一个理想的"混合型"社区，其中既有年长者和富裕家庭住的大房子，也有年轻人和不太富裕的家庭住的小户型。而且，每套住宅的品质都很过硬，并且能够不断升级。

这个想法实现起来显然有很大难度，也许几无可能。但建筑行业最好

⊖ 我意识到我把一个复杂问题简单化了。在房地产价值和城市开发上，土地使用至少与房屋建造一样都是重要因素。许多其他因素也很重要，不过我只想举例说明如何分析制约因素，并不想揭示现代城市规划中的问题。

能拿出类似的解决方案。如果房价继续走高，房屋却越来越容易破败，建筑行业势必深受其害。

这种软肋并不局限于制造和销售产品的企业或行业，在服务行业里也能找到。

> 美国的商业银行像所有商业银行一样，都靠利用顾客的存款获取利润。与此同时，银行间为了争夺存款而提供的服务都瞄向如何让顾客能以最少的现金开户，但如此一来，存款量就会处于最低水平。银行给顾客提供的价值越多，它自己得到的可能就越少。换句话说，商业银行所赚的与顾客真正所买的背道而驰。顾客来银行买的是理财产品，好让自己能以最少的闲钱过日子。但是，只有顾客存入银行的闲钱越多，银行赚的钱才能越多。一般来说，银行业中最了不起的技巧和本领就是管理这种内在矛盾。做商业银行生意的厉害角色都是那些既能为顾客提出最佳理财建议，又能说服他们尽可能久、尽可能多地把钱存在银行里的人。

有一种解决方案，或许可以通过为顾客提供价值来获得报酬，即收费的理财服务。

多年来，谁提出这种建议，谁就会遭到银行家的嗤笑。这些银行家只知道一件事：没有哪家银行会想到提供这种服务，也没有顾客会想到要接受这种服务。然而，位于纽约的全美国最大、最保守的银行之一摩根保证信托公司（Morgan Guaranty Trust Company）与全美国最保守的大型企业吉列剃须刀（Gillette Razor）签订的正是这种服务协议（据 1963 年秋季披露的消息）。

最有希望发掘出潜能的地方是企业内在的制约因素，而要想把制约因素转化为机会，企业则需要创新。

化劣势为优势

企业只有在组织架构图上才可能实现完美的平衡。鲜活的企业总会处于一种失衡的状态，此消彼长，有做过头的，也有忘了做的。

但是许多企业长期处于失衡状态，它们所需的有效益的资源（productive resources）远远超过所能产出的成果。一家公司抱怨说："我们是一家销售额只有1500万美元的小公司，可是我们需要在全国发展销售队伍，在全国展开促销，建立分销渠道。"另一家公司说："我们必须维持一个固态物理实验室正常运转，才能在这个领域与通用电气竞争。"然而该公司所涉足的领域范围极窄，而且高度专业化。

这种失衡是个严重的劣势，很可能危及企业的生存。任何企业的总成本结构都有可能与最大资源的规模相对应。支持性成本往往会照应那些需要支持的、有效益的投入（productive efforts），而不是去照应那些可获得的成果。就像那家在先进的固态物理领域拥有雄厚研究力量的公司，它为自己的物理学家们提供的设施、场地、设备、图书馆服务等条件要与通用电气媲美，不然就可能面临最优秀的人才被这个强大竞争对手抢走的风险。而那家年销售额1500万美元的公司则养了一支庞大的全国性销售队伍，这么做所需的会计、订单处理、监管和培训等方面的支持，与公司处理年销售额 1.5 亿美元的业务量所需的支持一样多。也就是说，总成本往往与所需的最大的有效益的投入的成本成正比。

不过，成果当然也与收入成正比，即与销售额成正比。

当在支持性活动、监察活动或浪费活动中的投入出现失衡时，解决办法就是砍掉一切造成失衡的因素。第 5 章中谈到的有关支持性成本和监察成本的"最小投入法则"也适用于此处，可与消除浪费的原则·并使用。

但是，如果这种失衡表现为有效益的投入大得不相称，则往往表示企业尚有巨大的潜能未加利用。若想发挥这种潜能，企业的性质和结构往往需要重大改变。

在现有企业内，最有代表性的失衡领域是市场营销和研发领域，投入到这两个领域的大量有效益的资源无法产出相应比例的成果。

下面是一个市场营销资源失衡的例子，例子中还显示了该企业为将潜能转化为经济绩效而采取的具体行动方针（course of action）。

那家拥有庞大销售队伍在全美销售 1500 万美元商品的公司，它做不到在不使业务受到损害的同时削减销售投入。但是仅靠 1500 万美元的销售额，公司也养不起 150 名受过技术培训的销售人员。一项分析显示，公司若要盈利，每名销售人员的年平均销售额必须达到 50 万美元，而现在的平均值是 10 万美元。它的解决方案是彻底重新定义公司经营的业务——从制造商变身为分销商。公司排查了其他生产同类产品也需要全国分销渠道的小型制造商，然后为它们提供服务，服务成本远低于这些制造商自己的销售成本。5 年过后,该公司销售队伍的人力没变,分销商品的价值却接近 1 亿美元。其中自家产品只占 1/5,其余的产品来自 7 家不构成竞争关系的制造商。这些制造商每家的销售额虽然都不足 2000 万美元,却能享受到一个销售额上亿美元的销售组织带来的全部好处。

研发资源与其带来的生意之间的失衡,同样会令企业遭受损失,但也同样蕴含着重大机会。

有一家规模中等的玻璃制造公司开始向电子行业供应各种电子元器件用的玻璃,继而研发成本急剧上升。虽然用于电子元器件的玻璃在公司整个产品线中占比相对较低,但成本增幅之巨,已然威胁到公司整体生意的盈利能力。该公司一度想过从电子市场退出,可市场研究表明,电子行业是一个主要增长型行业,而且玻璃使用量的增速或是该行业自身增速的 2 倍。(这是在 1952 年。)于是,这家公司就想弄清楚为什么自己卖产品给电子行业需要在技术方面下如此血本。结果发现它的研发人员其实"承包"了电子行业顾客的整个技术工作,而它的基本知识并不在电子行业,是在玻璃制造行业,元器件成品的性能主要取决于玻璃的品质和设计。论产品价格,玻璃在元器件成品中所占的比例几乎可以忽略不计;但论在技术上投入的工夫,它却是最多的,可是该公司并没有因为做出这一贡献获得回报。

这个问题的解决方案是向前整合到电子制造领域中去。现在该公司也生产需要用到玻璃技术但实质是电子应用的元器件，其销售额和利润是公司只供应玻璃时的好几倍。这意味着企业可不只是在技术利用方面下足功夫就完了。

当然了，这一举措在企业内部也曾引起过激烈争议，反对者的说辞无非是老一套——"咱们可不能和自己顾客抢生意"。然而正如经常所见，老顾客带来的外部生意一直在上升，而这只是因为这家公司如今能提供比以前更好的服务，而且能设计出比以前更好的玻璃。

不只是市场营销和研发资源会出现失衡，每一项有效益的资源都可能失衡。若掉以轻心，这种失衡会严重危及企业；若加以重视，则可能成为一个增长机会。

举个提供分期付款业务的金融公司的例子，它是由美国一家小型汽车制造商创建的。为了给购车者提供资金，这家公司的业务必须覆盖到全国，在各大城市都设立分支机构。但是，由于它只限于为规模有限的汽车制造商的产品提供服务，所以产生的分期付款融资额根本无法承担各地分支机构的行政费用。虽然每年分期付款融资额4亿美元让它看上去像是一家很大的公司，而实际上对其有效益的特殊资源——即控制和管理高度专业化的分期付款融资业务的能力来说，这个融资规模还是嫌小。解决办法是为数量众多、规模更小但也需要全国分销的耐用消费品制造商也提供分期付款融资业务。由于汽车融资业务已经负担了公司大部分间接费用，这家公司得以向除汽车制造商之外的顾客提供有吸引力的条件。很快公司的融资额就达到 6 亿美元左右，开始盈利了。

有效益的资源的失衡情况不一定存在于企业自身法定框架内，也可能存在于公司法定（和会计）结构之外的经济流程中。

从小型专业零售商向大众分销商（mass-distributor）转变，通常会造成这种失衡。在美国，许多面向全国分销的大众消费品制造商，仍将 3/4 的商品分销到小型零售商店；而在消费者购买的商品中，有 3/4 来自大型分销渠道的商业网点。这不可避免地会造成失衡。一方面，制造商不得不继续支付其承担不起的分销费用，因为它得为大量的小商店提供服务，而这些小商店充其量也只是勉强有点效益；另一方面，制造商未能触达它的市场。它在市场营销方面的投入与本应获得的成果不相称。

这看起来很简单。但只有以最终用户支付的价格为成本基础的成本分析，才能显示出分销成本高得不成比例。而在传统分析中，成本被定义为某个指定法人单位内部发生的费用，不是某个经济流程中发生的费用，这往往会掩盖分销成本和分销渠道的失衡状况。这种失衡本身很容易矫正，但好些年它都从人们眼皮底下溜过去了。

在美国，这种失衡令企业所有者沮丧不已，心灰意冷的他们纷纷将企业卖掉。他们想不通从前替他们赚得盆满钵满的企业为什么如今不再产生收益。然而，买主们将分销重心转向大众渠道后，企业很快恢复了盈利能力。同样的事情在欧洲也在上演，日本也紧随其后。消费者正在从小型、专业化、营业额低的零售商店转向大型、货物周转快的大众分销渠道。然而，许多制造商仍在沿用它们那些旧的分销渠道，眼见着这些渠道不再产出成果，它们便加大市场营销和销售力度，而这只会使失衡问题越发严重。最后它们把企业卖给能看懂这种变化的人，对方从中发现了以更低成本和更高效益销售更多商品的机会。

有时，企业由于不得不在各种支持性活动上维持高水平投入及能力，从而导致了失衡。

我所知的最佳例子是一家从事加工食品、酒店和餐饮服务的大公司。它需要许多配套服务，例如它旗下的酒店和餐馆需要洗衣服务，加工食品配送需要卡车货运服务。这些服务中每一项都得以高水平绩效运营；每一项都需要相当可观的资本投资，而且得保持在足以承担业务量峰值负荷的水平。因此，几乎可以确定每一项服务都会变得规模庞大且成本高昂，却不见得产出与之相称的成果。

这家公司有一条简单规定：支持性活动所需的知识和能力，如果与它们服务的事业部（如洗衣服务或卡车货运服务）类似，就会发展成正式的、与外部顾客打交道的、营利性的业务。于是它的洗衣部变成一家大型商业洗衣店，卡车货运服务则成为所在领域的领导者。这二者为外部顾客提供的服务量等于为公司内部业务提供服务量的 4～5 倍，由此，二者都得一个赛一个地表现来证明自己。

然而，这种解决方案不光要求企业不断寻求机会，还要求企业自我约束，别把靠"最小投入法则"就能运营的支持性活动发展成一项业务，至于那些与主业不搭界的支持性活动就更不行了。

在上面这个例子中，这家食品和餐饮公司严格遵守两条原则：第一，对于那些无须做大规模，也无须以卓越水准运营的支持性活动，力求其小。即使其中有些支持性活动能够成为盈利的业务，也不加扩张，只是满足内部运营的最低需求。比如，这条原则就用在了该公司的印刷服务部，尽管这个部门完全可能成为一个重要业务，但公司并没那么做。第二，对于有些需做大规模且需以卓越水准运营，却与公司整体业务不适配的支持性活动，要待它们成为事关盈利的重要问题时才予以发展。然后将它们卖掉，而公司自己成为它们的顾客。比如，这家公司先前的一个专事商店和餐馆设计与建造的部门就被卖掉了，现在它已成为一家领先的商业设施建筑设计机构。

规模失当的企业

最严重的失衡问题是企业规模不当（通常太小），这种规模与它必须服务的市场或所需的管理人才不相称。

欧洲共同市场给许多中型家族企业造成的失衡就是这样的。这些企业以前在面对本国有限的市场时也算游刃有余。可是进入一个拥有 1.8 亿人口的市场后，却发现自己的产品、资本、市场营销资源、管理人才都捉襟见肘，与行业巨头抗衡毫无胜算。这也就解释了为什么在过去十多年里欧洲掀起了一浪又一浪家族企业跨国并购潮；以及为什么素来对任何外人疑心重重的欧洲家族企业，自欧洲共同市场刚刚启动就出现了那么多合作伙伴协议、合作营销协议和共用研究资源池（research pool）。日本也出现了类似进展，因为那里的小型家族企业发现自己已无力应对近 1 亿名顾客的大众市场。在美国，自二战打破了高昂的货运成本给西海岸造成的持续经济隔绝后，加利福尼亚也开始出现类似的发展情形，虽然规模小得多。

市场上的任何重大变化，尤其是在规模和复杂性方面的变化，都可能造成中小企业的规模和市场对其需求的失衡。正如所有失衡一样，这也是一个隐藏的机会。但解决方案通常不是扩大现有企业的规模，而是兼并、收购、合伙或合资，也就是从根本上改变企业的结构，通常（虽然不一定）也会改变财务结构和所有权。

这也是将企业规模与其所需管理人才之间的失衡转化为机会的唯一解决方案。

管理人才也是一种有效益的资源。因此，如果管理人才的规模（及其成本）出现严重失衡，那就说明这种宝贵的、昂贵的、稀缺的资源严重利用不足。公司需要一流的经理人，可是如果不能支付他们相应的薪酬，也不能带给他们足够的挑战和成就，就算成功吸引来所需要的人才，或是自己培养出了这种人才，也会很快再次失去他们。企业将因此而受挫，到最后甚至可能被摧毁。不过，如果把失衡问题视为一个机会，那么它很可能变成销售额和盈利能力快速增长的源泉。

有时，中小企业会因为昂贵且不必要的管理人才而不堪重负。

这种企业通常都对最新的管理风潮趋之若鹜。"人际关系"概念风行时，它就聘请心理学家、社会工作者和人事专家，让企业里每个人都参加"领导力培训"。两年后，大家又把"运营研究"挂在嘴边，然后又全去参加各种管理科学研讨会。一台大到足以处理联邦政府所有文件的计算机，却被认为不敷处理一家 250 人公司的员工薪资单。

在这种情况下，企业可以将管理人才缩减到符合企业需要的规模。但是一家缺乏业务支持的企业，常常还真的需要复杂性管理的人才。

某大型工程公司坚称，一家在美国民用市场拥有领先技术的企业，年销售额必须达到 1500 万美元，才能负担得起它在管理和技术领域投入的工夫。这家公司大多数事业部的确需要大量的资本投资，用于高度机械化大型工厂、持续性研发工作、专业化销售以及大量的技术服务。即便如此，1500 万美元也是个相当高的数字。那些与它处在同一领域的独立公司，凭借不到 1000 万或 1200 万美元的销售额就能与之竞争，而且还做得风生水起。

在其他高科技领域，如化学专用品公司，销售额也就500万～700万美元，在市场上已拥有领先地位。总体来说，销售额可能远不如附加价值（即销售额减去原材料和零件的采购成本）那么重要。照此计算，一家使用原油或沙子之类廉价原材料，只有500万美元营业额的化工公司，实际上可能比一家销售额1500万美元但材料和零部件采购成本占70%的工程公司更大。

企业规模的经济性因行业不同而不同；也因技术成熟度不同而不同（拥有新技术的小企业可能既经济又有利）；还因市场及其结构不同而不同；诸如此类。但是如果企业规模大小失当，则要付出沉重代价，它支付的是较大规模的全部成本，得到的却只是较小规模的好处，有时连这点好处都得不到。

在某些行业，企业规模要么非常小，服务于某个独特的细分市场；要么非常大。比如美国的肥皂行业，一些小企业或者服务于某个狭小的、它们能占据领先地位的地理区域；或者服务于某个特定类型的顾客（例如医院），这些做法都能使其得以生存并为其带来生机。不过在肥皂行业还有一种适合的规模是巨型企业，这些企业拥有全国性品牌，推广和分销也面向全国。相比之下，那些规模介于两者之间的肥皂企业则无法壮大，可能连生存都难。

欧洲一向不乏大型汽车企业：菲亚特（Fiat）、英国福特（British Ford）、欧宝（Opel），还有大众（Volkswagen）。但是，也有一些很小的企业每年用采购来的零件组装数千辆汽车，只要所服务的市场不大，它们也能生存下来并且生机勃勃。不过，随着欧洲以创纪录的速度历经汽车革命，一场最后只剩屈指可数几家巨头企业的行业整合已呼之欲出。在这种态势下，即使那些名气响当当并且拥有一众拥趸的中型汽车企业，怕是也难生存下去。凡是比巨头小的，皆微不足道。

　　最近的一本书《危机公司》（*Corporations in Crisis*）⊖提到了两家不得不卖给大公司的企业，并不是因为它们做得不好，而是因为它们做得还算成功，结果发展到一个不大不小的规模，进退两难。斯塔维德工程公司（Stavid Engineering）起初是一家年销售额数百万美元的、小型的专用产品设计公司，后来发展得不错，销售额一路增长到 1000 万美元。这时公司发现它必须达到 2000 万美元销售额才能支撑起自己的管理队伍，可这是一个无法实现的数字，现在它成了洛克希德飞机公司（Lockheed Aircraft）的一个事业部。同样，规模虽小但生意不错的皮亚塞茨基直升机公司（Piasecki Helicopter Corporation），因为成功开发出了 V-107 型直升机，致使公司规模变得不怎么经济了，后来被卖给了规模庞大的波音公司。

　　对规模不大不小的公司来说，正确的解决方案有时是降低销售额，使自己变得经济。

　　⊖　作者为理查德·奥斯汀·史密斯（Richard Austin Smith）（纽约，1963 年出版）

一家生产管道安装修理设备和工具的小型制造商生意做得不错，每年的销售额可达 800 万美元，产品供应芝加哥周边的三个州——伊利诺伊州、威斯康星州、印第安纳州。这家制造商的产品分量很重，在其工厂周围很小半径的范围内能享受到特别的货运优势。这家制造商扩展到更广的地域后，销售额迅速攀升到 2000 万美元，但是这些增加的销售额却令它得不偿失，因为为了保持竞争力，该公司不得不包揽产品的远程运输费用，以至于被逼破产。后来它撤退到最初的阵地，才缓过气来。置身于这个行业中，如果不甘心只在本地市场做一个小供应商，就必须在许多地方开多家工厂，每年的最低销售额可能得接近 5000 万美元。

然而，最严重的失衡状况是企业连最起码的规模都达不到。这种企业哪怕产品再好，也只能处于边缘地位。本该用于增长的资金，被拿去用于支撑管理、研究、销售等方面的额外费用，在这些方面下功夫。殊不知企业不增长，就无法产生它所需的资金。

解决这种恶性循环唯一的办法就是"跳跃"。这是一种量子跳跃（quantum jump），你不能夹在两种规模之间，而是要一步就从一种规模跨到另一种规模。从内部逐渐增长通常是不可能的。只有把公司卖掉或收购同行业的另一家公司，或与另一家公司合并，才能形成一家规模合宜的企业。

我们惧怕什么

有些在发展过程中隐藏的机会，看上去像是会威胁到某家企业或某个行业。

直到 1950 年，美国铁路公司的经营者仍不接受轿车、卡车和飞机方兴未艾的事实。他们认为铁路是国家交通运输系统的支柱，想要取而代之简直是痴心妄想。他们辩称，新的交通运输工具不只对铁路是一种威胁，而且对国家，对国家安全与繁荣都是一种威胁。

直到进入 20 世纪 60 年代，美国铁路公司经营者才开始意识到可以将这种威胁视为机遇。有了替代的交通运输工具，他们可以专注做他们最擅长、最能赚钱的事情——大宗商品的长途运输。正因为有了轿车、卡车和公共汽车，铁路才得以甩掉那些通往小地方的支线，放弃那些无利可图的服务，这些替代性交通运输工具缓解了人们心里对铁路垄断的恐惧，由此，合并那些相互竞争的线路，消除重叠服务造成的巨额成本，便在政治上可被接受了。

这种态度转变带来的效果几乎立竿见影，铁路公司重新夺回一项它们在 25 年前放弃的业务——长途运载新轿车。只要铁路公司把卡车视为"异类"，它们就难以想象除了自家火车的封闭式小货厢，还有什么办法可以运载轿车，即使卡车一向用敞篷双层拖车来运载轿车。铁路公司运载 2 辆轿车（一节普通货厢的运载量）的成本和卡车运载 6 辆轿车一样多。一旦铁路公司接受了卡车是常规运输工具这一事实，机会就来到它们眼前，它们看到可以将原来封闭的火车货厢改为敞开式的双层拖车，每节车厢运送 8～10 辆轿车，一列火车的车头后面可以拉很多节运载轿车的拖车。结果不到 18 个月，铁路公司就夺回了一大半长途运载轿车业务。

类似的演进也发生在粮食、煤炭和铁矿石的运输上。采用大宗货物运输方式，使用大宗货物运输列车，执行大宗货物费率，使铁路公司再度开始盈利。虽然铁路公司等了很久才接受不争的事实，才开始奋起追赶，但因为态度有了根本转变，一些主要线路甚至可能再现繁荣，成为充满生机的业务。

再举几个例子：

美国人寿保险公司曾是社区居民的主要储蓄渠道。二战之后那些年，新富裕起来的百姓在人寿保险公司的储蓄比例开始降低（其实他们购买人寿保险的金额并没减少）。大多数公司都认为这是一个很糟糕的苗头，必须大力宣传扭转颓势，它们警示美国老百姓像普通股这类新型投资方式是有很大风险的。只有一家公司看到了其中的机会，这家公司很了不起，之前它在人寿保险领域一直名不见经传。它收购了一家共同投资信托公司，然后将受益凭证与人寿保险产品保单合在一起销售，以此为顾客提供了一个均衡的投资产品和一揽子的理财产品。没用多久这家公司就呈现出高速增长势头，增长率远超整个行业水平。

　　绝大多数美国百货公司起先都抨击过折扣店"不讲行规"，等发现这招不灵后，大型连锁百货公司纷纷加入进来，开设了自己的折扣店。只是它们的业绩大都不怎么样，因为百货公司不懂该如何经营折扣店。但是，有一家大型连锁百货公司采取了完全不同的策略。它没开折扣店，也不打算这么做，而是反其道而行之，对自己的店面升级改造。在它涉足的每个城市，都以面向大众市场的高档商店示人，专门卖高品质的东西，尤其是设计精良的服饰，凡是它店里的服装款式都很低调却不失时尚。这家连锁百货公司的一位高管说："我们希望顾客在她家附近的折扣店给小苏茜买睡衣，这样一来，等小苏茜长大了，她妈妈就有更多钱来我们店里为苏茜人生的第一次舞会买件高级派对礼服。"

　　还有一家大型造纸公司的例子。多年来它一直苦于塑料带来的威胁，却也无所作为。最后它逼着自己将塑料的出现当作一个机会。认识到这点后，这家造纸公司顺势而为，扩大了在包装和容器制造上的投资，而它旗下从事包装和容器制造的子公司也愿意把塑料当作其他材料一样使用。等塑料成为包装市场的主力时，母公司就会从塑料的发展趋势中受益，而不是受到其威胁。

企业有时要问："对于那些我们声称将危及企业的举措，我们正在做出哪些妥协？它们真的伤害到企业了吗？还是我们从中有所受益？"

　　正是这一问使得美国一家领先的软饮料瓶装企业以新的眼光重新审视了自己的市场。多年来，该公司一直大力宣传抵制低卡路里饮料，认为那不过是一时的噱头。公司管理层深信，这些饮料（既非根据特殊配方制成，也不含秘密成分）对自己品牌的产品构成了威胁，他们产品的卡路里很高。但是，这家公司有越来越多的瓶装厂在接下低卡路里饮料订单的同时，也售出了更多原先的标准饮料。低卡路里饮料并没有侵蚀老产品的市场，反而为它打开了市场。公司管理层花了好几年时间才接受这个现实。现在该公司也生产、促销、销售它自己的低卡路里饮料，新旧产品系列的销售额齐头并进，都获得极大增长。

要好好审查那些商场上人人都"知道"的绝不会发生的事。这个"绝不会发生的事"会不会实际上是公司一个有所作为的重大机会？它会不会已经发生了？很多时候，管理层明知某种发展在所难免，但因为怕它发生，就非要认定这是不可能发生的。

为发电厂和变电站生产重型电气开关设备的厂家，直到20世纪50年代末还固执地认为只能依靠机械方式操作电力开关。这些厂家甚至发表文章，证明电子式电源开关在理论上是不可行的。这种把脑袋埋在沙子里的态度只有一个后果，就是行业内领先的厂家对电子技术开发漠然视之，而当其他公司最终开发出电子式开关设备时，它们险些失去市场。它们坚信的所谓"不可能"，谁都没能说服，除了它们自己。

但凡一家企业或一个行业面临威胁，就表明市场、顾客或者知识等方面的外部环境发生了变化。如果一家企业固守现状、传统、陈规，或否认任何其他可能发生的事，那么只要有个风吹草动，最终就可能摧毁它。不过每一次变化始终都应该是一个机会，促使企业做一些不同以往的、可以盈利的事。

最近 10 年，随着欧洲共同市场和日本的崛起，许多美国企业看到这对其销售业绩的威胁。然而，也有少数企业提出"这种趋势带来了什么机会？"它们因为向不断增长的欧洲和日本消费市场和工业市场新增大批量出口，并且在海外建立或收购一些能盈利并能快速增长的子公司，从而获得巨大收益。

威胁当然不可能总是转化为机会。但是，将威胁转化为机会的可能性比能够避开它的可能性要大。身处新浪潮之中，顺势而为比逆流而上更有利可图。

从心理上讲，发现并发挥出一家企业的潜能绝非易事。因为这种行为意味要打破陈规旧习，因此它始终会遭到来自企业内部的抵制。这往往意味着要放弃人们最引以为豪的技能。要对抗这种威胁，要管控某种失衡，最重要的是，要使该过程有效率（尽管有内在劣势），这一切需要付出极大的努力和工夫。这里有一个经年历久的洞察：没有什么比有能力完成近乎不可能完成的任务（哪怕不尽如人意），更能给人带来成就感。所以，从一家企业的软肋、制约因素和劣势中发掘可能存在的机会，很可能会被企业中最有成就的人当作对其地位、自尊和权力的直面攻击，而遭到他们的怨恨。

　　这也就是为什么机会往往不是由行业领导者发现的，而总是由外部人或接近外部的人发现的。例如，氧气炼钢法首次改变了沿用了一个世纪的炼钢技术，并从基础上影响到该产业的经济性，而开发出这种技术的人以前从未炼过钢，他们是一群奥地利人，在奥地利北部的林茨（Linz）的一座新工厂里开发出了这种技术，那家工厂远离所有传统的钢铁中心。还有，第一批设计出电子开关设备的公司以前从没涉足过开关设备领域，也没有经验。诸如此类的例子还有很多。

　　发掘企业潜能从客观上和心理上来说都非易事，这意味着企业得在这方面付出艰苦的努力，而管理层也必须高度重视。发现潜能并充分挖掘其中的机会是企业生存和增长的前提条件。

　　这并不是说每家企业都有隐藏的潜能，都能把劣势和软肋转化为机会。不过，企业缺乏潜能将无法生存；企业发掘不出自己的潜能，生存就只能靠运气。

趁今日打造未来

对于未来，我们只知道两件事：

● 未来不可知

● 未来与现存之事不会相同，与我们现在期望的也不会相同

这些说法既没有特别的新意，也谈不上语出惊人，但寓意深远。

（1）想基于**对未来事件的预言（predictions of future events）**来确定今日的行动和义务，这种尝试从来都是徒劳的。我们顶多能抱有希望的也就是"预支"（anticipate）那些业已发生的不可逆转**事件的未来效应（future effects of events）**。

（2）但是，正因为未来将不同于今日，而且无法预言，才有可能导致意想不到和无法预言之事的降临。设法让未来发生是很冒险的，但却是理性的行为。说起来，它的风险并不比沉醉在"什么都不会变"这种假设中随波逐流来得高；也不比听从某事"必会"发生或"极可能"出现某种情况这种预言来得高。

近一二十年，企业已经认识到有必要系统化地开展一些工作去打造未来。但是制定长期规划并不是为了化解风险和降低不确定性，而且也做不到这点，因为凡人没被赋予这种能力。凡人能够尝试去做的一件事是找出（偶尔制造出）适度的风险，并对不确定性加以利用。打造未来的工作并不是决定明天该做什么，而是决定今天该做什么才能拥有明天。

> 将当前资源审慎地投入到未知和不可知的未来，这是企业家（entrepreneur）的特定职能，这是法国经济学家萨伊（J.B.Say）在 1800 年前后创造"企业家"一词的本义。萨伊用它来形容这样一种人：他把禁锢于不产生效益的过往的资本（如边际土地，marginal land）吸引出来，然后将其投入到创造崭新未来的风险中。亚当·斯密（Adam Smith）等英国经济学家的关注点则在商人身上，认为追求效率是商人的主要经济职能。但是，萨伊强调要制造风险，并利用今天与明天之间存在的不连续性，以此作为创造财富的经济活动，他的看法是对的。

我们现在正一步步学习如何有系统、有方向、有控制地来做这件事。首先来认识两种互为补充却截然不同的做法，这也是我们的起点。

- 发现并利用从经济和社会中某个不连续性的现象出现，到它将带来全面冲击之间的这个时间差，有人称之为**对已经发生的未来的预支**（anticipation of a future that has already happened）
- 用一个新构想来对至今尚未发生的未来施加影响，以期为即将到来

的事情指明方向并塑造其形态。有人称之为**让未来发生**（making the future happen）

已经发生的未来

重大的社会、经济或文化事件的出现与其带来的全面冲击之间存在一个时间差。人口出生率急剧上升或急剧下降，不会影响 15～20 年内的可用劳动力规模。但是变化已经发生了，只有发生毁灭性战争、饥荒或流行疾病这类大灾难，才有可能阻止它对明天带来的影响。

这是已经发生的未来带给我们的机会，我们不妨称之为一种潜势（potential）。不过这个潜势与上一章论述的潜能不是一回事，已经发生的未来不在当前的企业之内，而是在企业之外，是发生在社会、知识、文化、行业或经济结构中的一种变化。

此外，它是一种重大的变化，而非一种趋势；是打破模式，而非在模式内部发生变异。在为"预支未来"而投入资源的过程中，当然会充满极大的不确定性和风险。但这个风险是有限度的。我们无法确切知道这种冲击多快到来，但我们可以很有把握地说，它将会到来。而且，我们可以对它进行描述，看能否为我们所用。

对于人口出生率变化对劳动力的影响，有很多方面我们无法"预支利用"。比如有多高比例的妇女将加入劳动力大军？现在的孩童有多少会在 14 岁或 16 岁后继续待在学校？未来的工作岗位将在何处？岗位数量有多少？诸如此类的问题都无法预见。但我

们可以肯定地说："这是今后一二十年最大的劳动力大军，因为将
要加入其中的人现在必定已出生。"我们同样还可以说："在过去
一代人的时间里，拉丁美洲从乡村社会变成了城市化社会这件事
是个事实，而且这个事实必将产生长远的影响。"

能够在十余年后为我们所用的基础知识，今天就得准备就绪。19 世纪
中叶，人们只能推测迈克尔·法拉第（Michael Faraday）在电力领域的发现
将给经济带来什么影响，许多推测无疑是不着边际的，但人们可以有几分把
握地说，法拉第这个把人类带入全新能源领域的突破将会产生重大的影响。

重大的文化变迁同样需要假以时日，特别是那种极为细微却又极具渗
透力的文化变迁——人们意识上的变化更是如此。谁也没有绝对把握说欠
发达国家将成功地实现快速自我发展，与此相反，可能只有少数几个国家
才能成功。即使是这几个少数国家也要历经艰辛，经受各种危难关头的考
验。但是，一个不争的事实是，拉丁美洲、亚洲和非洲人民已经意识到发
展的契机，已经投身发展之中并准备接受发展带来的结果。它所形成的态
势只有灾难才能使其逆转。这些国家靠自身可能无法成功实现工业化，但
至少在一段历史时期里，它们会优先发展工业。而且各种艰辛坎坷只会再
次强化它们对工业发展契机和必要性的新意识。

同样，只有大胆之辈才敢预言黑人将会多快在美国社会中获得完全平
等的权利。不过，由于 1962 年和 1963 年发生的事件[⊖]，黑人和白人同样都

   ⊖ 1962 年 9 月，肯尼迪总统委派军队护送一名黑人学生到密西西比大学注册，引发有种
        族隔离情绪的白人学生的暴力活动。1963 年，美国发生了"伯明翰袭击事件"，马丁·路
        德·金发表了《我有一个梦想》的演讲。——译者注

对美国的种族关系有了新意识，尤其是"逆来顺受的黑人"已成为过去，至少对年轻人而言这件事是一个已经发生的事实。这是那种不可逆转的事实，它会带来影响，唯一的问题是影响来得有多快。

同样，在产业和市场营销结构领域，未来可能已经发生，只是其影响尚未体现出来。

> 自由世界的经济可能再次陷入经济民族主义和经济保护主义的旋涡。20世纪五六十年代向着真正国际化经济迈进的运动，波及范围之广，冲击之猛，可能造成的应力应变（stress and strain）之强烈（比如来自受到过度保护的农民的政治压力），或将生出一种强烈的反作用力。但是，商界人士对国际化经济存在的事实和波及范围的意识应该一如既往。除非发生大灾难，否则我们不太可能在下个世代再轻易陷入20世纪40年代的那种幻觉，妄想着这个或那个工业地区会有某种不可挑战的经济霸权之类的东西，或者妄想本国的产业经济可以隔绝于世界经济发展之外。过去15年许多已经走向国际化的企业，不可能再走回头路，也不可能再将其自身、其经营活动、其愿景局限在某个单一国家的经济和市场中。

我有意列举了几个重大例子，其实还有一些较小的变化也能创造机会，让我们在今天"预支"企业的未来。

> 有个例子可以说明社会和文化习惯的一个微乎其微的改变也

能创造类似机会，即二战期间美国年轻一代打电话习惯的改变。二战之前，打长途电话这种行为在美国广大百姓中并不普遍，只有遇到紧急情况时才会这么做。但是在战争期间，国家鼓励军人打长途电话跟家人保持联系。如此一来，打长途电话就成了战时年轻一代司空见惯的行为。但是还要等上好几年，这些在 1944 年尚年轻的人才能成长为一家之主，并将他们打电话的新行为变为全体民众的寻常行为。由此电话公司就可以利用这个时间差，实施一项计划来建设长途电话设施和设备。

那些催生出已经发生的未来的变化，可以通过系统性的探寻来发现。我们最先要检视的总是人口领域。人口变化是决定劳动力、市场、社会压力和经济领域的机会的最基本因素。在事物的正常发展过程中，它是最不可能出现逆转的。人口变化与其所带来的影响之间有一个已知的最短前置期（leadtime）。在人口出生率上升给学校设施造成的压力真正到来之前，至少要经过五六年时间。而且这类变化的后续影响差不多是能够预言的。

到了 20 世纪 60 年代初，美国人口在年龄结构、基本文化习惯、期望方面的巨大变化已然清晰可见。虽然带来这场变化的事件已经发生（因为每个到 20 世纪 80 年将满 20 岁的人，在 1961 年都已经出生），但其影响本身尚未为人察觉，人们只有到了 20 世纪 60 年代末才能开始感受到这一影响，并将在 20 世纪 70 年代末对它的感受最为强烈。

到 1977 年，美国人口将是 150 年来最年轻的，至少 2/3 的人口年龄在 35 岁以下，年龄中位数在 25 岁左右。但是与其他那些人口平均年龄较低的国家不同，美国的人均预期寿命很高，男女人均预期寿命都超过了 70 岁。历史上，人口平均年龄和人均预期寿命之间从未呈现出这种关系。以往只要人口平均年龄较低，人均预期寿命也很短，反之亦然。重要的不仅是实足年龄很低的人将占 20 世纪 70 年代末美国人口的绝大多数；他们也将是相对年龄（relative age）或社会年龄（social age）较低的人，也就是说，达到年龄中位数的人，他们已度过的人生尚不到预期寿命的 1/3。单单这一点就意味着美国人的行为和期望会发生巨大的变化。

此外，这些年轻家庭接受正规教育的程度将达到前所未有的水平。在其中一半家庭中，至少有一位成员（不管是丈夫还是妻子）将受到 12 年以上的教育。这就意味着我们会对劳动力中的主导群体抱有不同的期望。比如，说到消费者行为，我们知道这些夫妻（像在电子公司工作的年轻工程师和他妻子）是不会量入为出的，他们的购买行为取决于他们对未来收入和社会地位的期望。当前收入对其购买行为是一种限制因素，而不是驱动力量。

在美国经济史上，像眼下这种触目惊心、势头迅猛的变化不多见。而眼下这种变化已经发生。

然而据我所知，很少有美国企业问过自己：这种变化对我们意味着什么？它对就业和劳动力意味着什么？对新市场又意味着什么？它将如何改变美国市场的基本结构？它对我们的顾客意味着什么？对我们的产品呢？还有对我们的整个商业态势呢？

这种人口变化已经创造出在美国经济中增长最快的两个市场，但是在经济学著作中还未见到有关它们的只言片语。

一个是"休闲活动市场"（activities market），其中包括许多迄今不被归为同一类的产品或服务：保龄球、野营、草坪护理，还有平装书和成人高等教育。所有这些活动是相互竞争的，它们都需要比金钱更稀缺的东西——可自由支配时间。年轻的工程师或经理若想把晚上的时间花在进修提升学历上，他们就没时间去打保龄球或照顾自家草坪。在休闲活动市场，人们购买东西不是为了拥有，而是为了去干事。换句话说，他们分不清哪些是商品哪些是服务，唯一清楚的是自己有没有时间。因此，这个可自由支配时间的市场不仅将快速增长，还将有很高的回报，但同时也充满竞争和艰辛。

另一个是"办公室消费市场"（office consumption market），这个市场中的产品或服务不进入个人家庭，因此不被当成传统意义的生活资料（consumer goods）；它们也不会在生产过程中被消耗掉，因此也不属于传统的生产资料（producer goods）。像打字机、计算机和各种赋予知识工作者生产力的产品或服务都属于这个市场。这个市场也会有丰厚的回报，但同样也会竞争激烈且瞬息万变。

除了人口领域，对于已经发生的未来，知识是另一个始终应该探寻的领域。只是这种探寻不应局限于企业现有的知识领域。在探寻未来时，我们设想企业将发生改观。而我们可以预见企业发生改观的重要领域之一是知识资源，企业正是基于这种资源建立了自己独特的卓越之处。因此，我们必须着眼于重要的知识领域，不管它们与现在的企业是否直接相关。还有不管我们在哪里发现某种根本性变化，即便它尚未产生重大影响，我们都应该问一下："这里有没有我们应该'预支'而且能够'预支'的机会？"

行为科学提供了一个例子，说的是某知识领域发生的某个重大变化，只是没几家企业认为这一变化与自己有直接关系。学习理论（Learning Theory）是心理学近 30 年发展出的诸多新知识领域的一个分支，虽然它看起来与做企业的人相距甚远，但这门新知识或许不仅会影响教育的形式和内容，还会影响施教和学习的材料、学校设备和学校设计，甚至会影响研究机构和研究管理。从出版业到建筑业，各行各业都可能深受影响，而谁能率先将新知识的潜势转化为实际产品或服务，谁就能抓住重大机会。

我们还要分析其他行业、其他国家和其他市场的问题，然后问自己：发生在人家那里的事，有没有哪个可以为我们行业、我们国家、我们市场建立一种模式？

20 世纪 50 年代初，日本所有电子产品制造商推断日本人的收入太低，买不起电视机，特别是日本农民，更买不起这么贵的东西，这个推断很合乎理性。因此，大多数日本公司都计划限量生产廉价电视机。

只有一家鲜为人知的小公司想要了解一下美国、英国或德国等其他国家已经发生的情况，看看这个推断到底对不对。它发现在各种低收入群体心目中，电视机虽然不是一个普通物件，却带给他们一种满足感，这种满足感远远超过他们为之所花的费用。在所有国家，穷人都是最热衷于买电视机的顾客，而且喜欢买贵的，哪怕价格比自己收入状况所能负担的更高。了解到这些后，这家日本制造商推出了比对手产品尺寸更大而且更贵的电视机，并且集中面向日本农民展开销售攻势。10 年之后，日本城市 2/3 的低收入家庭和半数以上农户都拥有了电视机，那种尺寸大、价格高的卖得尤其好。如今，这家曾经默默无闻的小公司已经成为日本电子产品财团的个中翘楚。

接下来，人们总是会问：有没有哪个产业结构发生的事件，预示着某种重大变化？

整个工业世界眼下正在发生的重大变化就是材料革命，这场革命打破了过去材料流（materials stream）的分界线，或者说让分界线变得模糊了。

也就是在一代人以前，材料流从头到尾是隔断的。比如，纸张是木材经过加工形成的主要制造材料，那么纸就得从树木而来。其他主要材料也都是这种情况，如铝和石油，钢铁和锌。经过这些材料流生产出的成品大都有特定和独特的最终用途。换句话说，采用最多的物质决定了最终用途，而用得最多的最终用途又决定了要采用的物质。

然而，今天几乎所有的材料流从头到尾都是开放的。树木还可以参与除造纸以外许多其他最终产品的制造。具有与纸张同样性能的物质也可由树木以外的许多原材料制成。至于为最终用途选择的材料可以成为替代品，而不是补充品。纸正在成为一种重要的制衣材料。从不同原材料衍生出的产品在功能上有很大重叠，它们可以用来做相同的事。就连制造流程也不再是独一无二的了，造纸业的人越来越多地把塑料制造商和加工商开发的技术融入自己的工艺，而纺织业的人也越来越多地采用了造纸业的工艺。

每一家材料公司都觉察到自己的业务正在发生变化。许多公司已经采取行动应对这种变化。例如，美国几家主要的罐头公司收购了使用玻璃、纸和塑料的容器制造商。但据我所知，极少公司意识到根本性变化并不发生在自己的企业中，甚至根本不在商业中，而是发生在外部。以前我们看到的是个别物质，现在我们看到的是材料。由于这个变化新近才发生，还没有谁能够定义我们所说的"材料"是什么意思。但是，它已经把所有只用一种材料流来为自身下定义的企业甩在了时代后面。

在企业内部，常常也能发现一些事件的线索，虽然都是些基本的事件且不可逆转，但其影响还没有完全显现。

公司内部摩擦常常是一个迹象。比如引进某样东西造成了纷争，原因在于有人无意触碰到某个敏感点，而之所以敏感，往往是因为新活动是在"预支"未来的变化，故而与大家已经接受的模式相抵触。

"产品规划"被当作一种新职能及一种特定工作种类引入美国

公司，可是无论把它归到哪个部门总会引起摩擦。通常这种摩擦表现为人们对新活动的归属问题长期争执不下。新活动归市场营销部门管，还是归研究和工程设计部门管？实际上，与其说这是一场关于新职能的争议，不如说是一种朦胧的第一感觉，即感觉市场营销工作总是将其他所有职能都置于次要位置，其他所有职能都是成本核心，不是成果产出者。但是这必然导致组织发生根本性变化，而正是对这些变化的"预支"，使得人们对"产品规划"这一表征做出激烈反应。

大约在 10 年前，贝尔电话系统（Bell Telephone System）的高层管理团队设立了一个新的销售规划（merchandising）部门。可是该系统的电话公司中却很少有人受其左右。贝尔电话公司的经理们对此很是不快。已经发生的真实情况是，贝尔电话公司已经实现了前 75 年的主要目标——几乎在每一户美国家庭和每一家企业中都安装了一台电话机，如今它的主要市场（即电话装机市场）已经饱和。因此，后续增长只能通过促进人们加大电话使用量，而不是在最小基数上增加电话业务的用户来实现了。这种已经发生了的变化预示着美国电话业务面临的风险和机遇都出现了根本性的剧变。针对销售规划部门引发的内部摩擦只是初期症状。

任何已达到总体目标的企业或活动都会进入一个重大变革期。但是置身这些企业或活动中的人还会在很长一段时间里继续为已经实现的总体目标而努力。而在这段时间里，有一个未来已经发生，有一个机会可以"预支"。

例如在一些工业发达的国家，普及一般教育的具体目标已基本完成。但是大多数教育工作者在思考和行动时所依据的仍是适用于过去200年的假设，认为他们的任务是拉长义务教育的年限。新现实要被广泛接受，通常需要经过一整个世代的转换。但如果有教育机构能看清形势，深入思考可能因此发生什么或还需要什么，它们将在明天的教育领域中获得领导地位。

在企业界也是如此，一家公司看到自己之前订的总体目标已经实现，便马上行动，重新改变努力方向；而它的竞争对手此时仍在努力去达到它已经达到的目标。那么这家公司（前者）就会成为明天的领导者。

另外，还应再问两个相关问题："那些被普遍接受的预言，等到10年、15年、20年之后哪些可能发生？有没有哪件事实际上已经发生了？"大多数人只能想象他们已经见到的东西。因此，一个人人皆深以为然的预言很可能不是对未来的预言，实则只是对新近发生的事的报告罢了。

美国商业史上有个著名的例证，表明了这一做法的成效。

1910年前后，亨利·福特尚处于早期成功阶段，这时第一个有关汽车行业的预言出现了，称汽车将发展为大众交通工具。当时大多数人都认为这事没个30年左右不太会发生。然而当时一个叫威廉·杜兰特（William C. Durant）的小制造商问道："这事不都已经发生了吗？"经他这么一问，答案立刻明朗——的确已经发生了，只是重大影响尚未到来。在公众意识中，汽车已经从有钱人的玩具转向大众所需的乘用工具。而这势必需要大型汽车公司的介入。杜兰特基于这一洞察，构想出了通用汽车，他开始将一些小型汽车制造商和小型配件公司拉在一道，以便能够利用这一新市场及其带来的机会。

那么，最后一个问题就应该是：我们自己对社会和经济、市场和顾客、知识和技术有哪些假设？这些假设是否仍然合理？

英国的中低阶层家庭主妇在食品采购和饮食习惯方面是出了名的拘泥保守。然而，过去十余年英国有两家公司逐渐崛起，成为食品分销企业的龙头，它们早在 20 世纪 40 年代末就提出了一个问题：有关英国家庭主妇的假设现在仍然合理吗？答案立马浮现，而且很清楚：不合理。由于经历了战时和战后粮食短缺，以前保守的英国家庭主妇已经习惯了新食物，也习惯了新的食物分销方式，并且她们现在也乐意去尝试。

寻找已经发生的未来并"预支"其所造成的影响，这为观者带来了新认知。上述例子应该已经说清楚了，新事物很容易被看到。现在需要的是让我们自己看到它，那么接下来我们能做的事或可做的事通常就不难发现了。换句话说，机会既不遥远也不渺茫，只是我们得先认清它的路数。

正如上述例子应该（也已经）证明的，这是个有强大威力的做法。不过也十分危险，它会让我们忍不住将自己以为正在发生的事情视为一种变化，或者更糟，把我们以为应该发生的事情当成一种变化。这可实在危险。所以有一个总体原则，即任何令公司内部欣喜若狂的发现都不可信。如果大家齐声欢呼："这就是我们一直想要的！"那么，这很可能只是在表达愿望，而不是在述说事实。

这种做法的强大之处在于对根深蒂固的假设、做法和习惯质疑并最终推翻它们。它引导出的决策令企业焕然一新，即便不改变企业的结构，也会改变企业的整体行为。

构想的力量

绞尽脑汁猜测未来需要什么样的产品和流程是徒劳的，但是我们可以决定自己在未来实现什么构想，并基于这个构想建立一个不同于以往的企业。

让未来发生也意味着创立一个不同于以往的企业。不过只有把对某个不同经济、某项不同技术、某个不同社会的构想，始终在企业中具体呈现出来，才称得上让未来发生。这种构想不需要多么宏大，但它必须有别于今天的常态。

这个构想得是创业型的，有创造财富的潜力和能力，它通过一个运行中的、有效经营的、有产出的企业得以体现，并通过企业的行动和行为来产生实效。这个构想不会出自"未来社会应该什么样？"这一问题，该问题是留给社会改革者、革命者或哲学家的。能打造未来的创新型构想要问的根本问题是："经济、市场或知识领域中有哪些重大变化，让我们有机会能以真正想要的方式去运营业务，即让我们能以真正获得最佳经济成果的方式运营？"

因为这种做法看上去是那么有局限且以自身为中心，历史学家往往会忽视其存在，对其影响也视而不见。宏大的哲学性构想固然能在深层次发挥作用，可真正发挥出作用的哲学性构想寥若晨星。相比之下，每家企业各自的构想确实有更多局限性，可其中很大一部分都是产生实效的。所以说，创新的企业经营者作为一个群体所产生的巨大影响，远远超出历史学家的认识。

正因为创业型构想并不覆盖社会或知识的全部，而只局限于某个狭窄的领域，它才更加切实可行。抱有此构想的人就算对未来经济或社会其他一切的认识有偏差，只要他们自己企业的聚焦点大致正确便无大碍。只要在某个特定的小范围内有所进展，他们就算成功了。

IBM 的创建者托马斯·沃森（Thomas Watson）根本没看到技术领域的发展状况。但是他有一个构想——把数据处理当成一个统一概念，以此为基础来创建一家企业。过去这么多年来，他的公司一直都不大，业务仅限于保存会计账簿和工时记录之类的普通工作。不过他一直蓄势待发，这时一项技术出现了，它来自毫不相干的战时工作，这项技术使数据处理的构想得以实现，它就是电子计算机技术。正当沃森在 20 世纪 20 年代创建他那家小得不起眼的公司，设计、销售、替人安装穿孔卡片设备时，逻辑实证主义流派的数学家和逻辑学家——如美国的布里奇曼（Bridgman）和奥地利的卡尔纳普（Carnap）——则在谈论和撰写一套有关量化和通用测量的系统方法论。他们绝不可能听说过这家初出茅庐、尚在挣扎求生的 IBM 公司，自然也不可能把自己的构想与这家小公司联系起来。然而，当新技术在二战期间出现时，真正将新技术付诸实施的是沃森的 IBM 公司，而不是这些数学家和哲学家的哲学性构想。

那些创建西尔斯公司的人——理查德·西尔斯（Richard Sears）、朱利叶斯·罗森沃尔德（Julius Rosenwald），阿尔伯特·勒布（Albert Loeb），还有将军罗伯特·伍德（Robert E. Wood），都主动地对社会抱有关切，并拥有丰富的社会想象力。然而，他们谁都没想过重塑经济，我甚至怀疑在与传统高级市场（class markets）对立的大众市场（mass market）出现很久之后，他们的脑海中连大众市场的概念都不曾有。然而，西尔斯公司从一开始就有个构想——通过努力可以让穷人的钱像富人的一样有购买力。这并不是什么特别新颖的构想，社会改革者和经济学家已经为此唇枪舌剑了数十载，欧洲的合作社运动（cooperative movement）很大程度上也由此而来。但西尔斯公司是美国第一个基于这一构想建立起来的企业。它肇端于这样一个问题："怎样才能使一个农民成为一家零售企业的顾客？"答案很简单："他得确信自己买的东西质量跟城里人买的一样可靠，价钱也跟城里人买的一样便宜。"这在当时可是一个胆大包天的创新构想。

伟大的创业型创新，都是通过把现有的理论化命题（theoretical proposition）转化为一个有实效的企业才得以实现的。

影响最大的创业型创新是将法国社会哲学家圣西蒙（Saint Simon）的理论化命题变成了银行。圣西蒙从萨伊的企业家概念出发，围绕资本的创造性角色发展出一套哲学化体系。不过这个构想是通过一家做银行业务的机构才产生实效的，即闻名遐迩的动产信贷银行（Credit Mobilier）。动产信贷银行由圣西蒙的追随者皮埃尔兄弟于 19 世纪中叶在巴黎创立，他们通过引导社区流动性资源的方向，有意识地发展工业。这个银行从皮埃尔兄弟那个时代的法国、荷兰和比利时起步，随后成为当时工业欠发达的欧洲大陆整个银行体系的原型。皮埃尔兄弟的效仿者们随后纷纷在德国、瑞士、奥地利、斯堪的纳维亚和意大利创办"商业银行"，成为这些国家工业化发展的主要推手。南北战争后，这个构想又跨越大西洋来到美国。从杰·库克（Jay Cooke）和为横贯美国大陆的铁路提供资金的美国动产信贷银行（American Credit Mobilier），到摩根公司（J. P. Morgan），不管这些推动美国工业发展的银行家是否知情，他们继承的都是皮埃尔兄弟的衣钵。日本的财阀也是如此，这些了不起的银行家兼实业家创立了现代日本经济。

不过皮埃尔兄弟最忠实的门徒还是苏联人。他们通过控制资本分配来规划经济的构想直接来自皮埃尔兄弟，而苏联人所做的就是以国家来取代个人银行家。这也是奥地利人鲁道夫·希法亭（Rudolf Hilferding）采取的措施，他起先是维也纳的一位银行家，按照"商业银行"的传统路数经营银行业务，最后成为德国民主社会主义的主要理论家。他的著作《金融资本》（1910 年）受到列宁认可，列宁说这本书一直是他计划经济和工业化思想的源头。

今天每一个欠发达国家设立的开发银行仍是最早的动产信贷银行的直系后裔。但是皮埃尔兄弟的出发点并不是重塑经济，他们是怀揣着赚钱的构想来创办一家企业的。

同样，现代化学工业的成长壮大也始自将一个现有的构想转化成了一家企业。

按理说，现代化学工业本来应该从英国兴起才对。19世纪中叶，英国因为纺织业高度发达成为化学品的主要市场，而且因为正处于法拉第和达尔文时代，该国在科学方面也居于领导地位。现代化学工业的确始自一位英国人的发现，那是在1856年，珀金（Perkin）发现了苯胺染料。然而20年之后，也就是在1875年左右，这个新行业的头把交椅却传给了德国人。德国企业家为行业贡献了英国欠缺的创业型构想——可以把科学探索成果（在此指有机化学）直接转化为有市场销路的各种应用型产品。

当然，一家企业成长壮大所依托的构想也可以比这简单得多。

日本的三井家（House of Mitsui，三井财团前身）可以算是历史上最强大的私营企业了。它于日本二战战败后解体，据说解体前在全球雇用了上百万名员工（这是美国占领当局下令解散三井家时官方的最保守估计）。三井家的雏形是世界上第一家百货公司，17世纪中叶由一位三井家族的先辈在东京建立。支撑这家企业的创业型构想是：商人应该成为经济生活的主体，而不仅仅是中间人。这意味着三井家一方面会对顾客制定价格；为一方面，不再充当与作坊工匠和制造商打交道的代理商。三井家会根据自己的考量确定采购订单，这些货品都是按照它的规格生产的标准化商品。在海外贸易中，商人身份的三井家曾一直都是主角，但在 1650 年前后，海外贸易在日本遭禁，于是三井家就基于海外贸易的理念，做起了国内商贸生意。

最简单的创业型构想可能只是模仿在另一个国家或另一个行业中行之有效的某件事。

　　第一次世界大战后，斯洛伐克鞋匠托马斯·巴塔（Thomas Bata）从美国回到欧洲，那时他萌生了一个构想：要让斯洛伐克和巴尔干地区的每个人都能像美国那样人人有鞋穿。有报道记载他曾说过："农夫打赤脚，不是因为他太穷了，而是因为没鞋子。"可要实现这个"穿鞋农夫"的愿景，就需要像美国那样为他们供应便宜、标准化，设计精良又耐穿的鞋子。按照这个推论，巴塔只用了几年时间就创建了欧洲最大的制鞋企业，并使之成为欧洲最成功的企业之一。

换言之，为了让未来发生，我们并不需要创造性的想象力。这件事靠的是实干，而不是天分，因此几乎每个人或多或少都能做到。有创造性想象力的人构想起来，当然会更富有想象力，但更富有想象力的构想不一定更成功，反倒是平淡无奇的构想有时会成功。就像巴塔采用美国人的方式来制鞋的构想，在 1920 年的欧洲算不上是什么破天荒的事，只是那时欧洲人对福特汽车及其装配线的兴趣比制鞋要大得多。巴塔的成功主要来自他的勇气，而不是天分。

为了让未来发生，我们得心甘情愿地去尝试一些新鲜的事。我们得心甘情愿地问这样的问题："我们真正想看到哪些与今天完全不同的事发生？"我们得心甘情愿地说："对企业的未来而言，这是正确的事，我们将努力实现它。"

现在我们在讨论创新话题时，"创造力"的光环被无限放大了，可它却不是问题的真正所在。在任何组织中，包括企业在内，无法付诸实施的构想多的是。这些组织通常缺乏的是**跳出产品，着眼构想的意愿**。产品和流程不过是让构想产生实效的载体。而且正如上述例证所表明的，我们往往连未来产品和流程的具体模样都无法想象。

> 杜邦公司开始研究聚合物化学产品时，并不知道最终产品会是人造纤维，并且尼龙会因此问世。它的行动基于这样的假设：人类操纵大型有机高分子结构的能力有任何长进（当时处于初级阶段），都将带来某些商业上的重大成果。它也就是做了六七年研究，人造纤维就作为一个可能的重要成果问世了。

IBM 的经验表明，使某个构想获得成功的特定产品和流程，往往来自毫不相同也毫不相关的工作。但是，一般做企业的人很少愿意从通用而非特定的角度来思考；很少愿意从企业，从它做的贡献、它带来的满足感、它服务的市场和经济角度来思考。

此外，做企业的人还往往缺乏为这种构想投入资源的勇气。为让未来发生需投入的资源应该是少量的，但必须是最优的。不然的话什么都不会发生。

然而，做企业的人最缺的还是一个用来测试构想的有效性（validity）和可行性（practicality）的检验标准。一个构想能否打造企业的未来，需得经过严格的检验。

构想得具备操作上的有效性。我们可以按照这个构想采取行动吗？还是我们只是说说而已？我们能否真的立马做件什么事以使我们想要的未来变为现实？

西尔斯公司将商场带到路远地偏的美国农民那里，这一构想的成果立竿见影。杜邦公司聚合物化学产品的构想只能组织小范围的研究工作，它能做的只是资助某个一流人才的研究。但是，这两个构想都有可以立马去做的事情。

只是有财力投钱在研究上还不够，研究的目标必须是将构想变为现实。我们探寻的知识可能是普遍通用的，就像杜邦公司的研究项目一样，但它至少得大致清楚地显示，一旦掌握了这种知识，便可付诸应用。

构想还必须有经济上的有效性。若是能立刻将它付诸实践，应该能带来经济成果才对。我们可能等很久都无法做到我们希望做到的事情——或许永远都做不到。但是，如果我们现在能去做，那么在做的过程中出现的产品、流程、服务就会找到某个客户、某个市场和某个最终用途，就应该能够卖出去并赚到钱，而且应该满足某种欲求和需要。

　　构想本身也可能旨在社会变革。但除非能在这个构想的基础上建立一家企业，否则这就不算一个有效的创业型构想。这种构想的试金石不是它得到多少赞成票或博得多少哲学家的赞誉，而是经济绩效和经济成果。即使成立企业的基本理由就是社会变革而不是追求商业成功，衡量它的标准仍然是要看它能否作为一家企业创造出绩效，以及能否生存下去。

　　　以取得社会成果而非经济成果为出发点的企业并不多见，虽然某些最成功的企业家，从其眼界和路径来看更像是改革家，比如罗伯特·欧文（Robert Owen）以及年轻时的亨利·福特。但是，无论何时何地，只要是以做企业的形式成功地实现了社会目标，都是因为这类尝试经过了经济上的有效性的无情考验。

　　　这正是美国全国保险公司（Nationwide Insurance Companies）的默里·林肯（Murray Lincoln）在做的事。林肯称自己为"主管革命的副总统"，他一生致力于合作社运动的发展，对以获利为目的的企业颇有微词。然而他却不遗余力地通过各种企业（主要是保险公司和金融企业）推动合作社的发展，而且要求它们的经营绩效必须超过竞争对手对自身的要求——这些对手是以追求盈利为目的的公司中比较正统的。

　　最后，这种构想必须经受个人承诺的考验。我们真的相信这个构想吗？我们真想成为这样的人，做这样的工作，经营这样的企业吗？

　　创造未来需要勇气，需要实干，但也需要信念。为了权宜之计仓促投入行动是根本行不通的，这种行为经不起未来的考验。因为没有任何一个构想是万无一失的，它本来也不该如此。如果关于未来的某个构想看上去是"板上钉钉的事"，是"毫无风险的"，是"不会失败的"，那么这个构想必败无疑。明天的企业所依托的构想必定是不确定的，谁也无法确切说出它变成现实后的样子。它必定充满风险，成功与失败并存。如果一个构想没有半点儿不确定性和风险，那么它对未来而言根本就是不切实际的，因为未来本身是充满不确定性和风险的。

因此，除非个人愿意为这一构想的价值有所奉献并笃信不疑，不然他就不会持之以恒地为之努力。做企业的人不该成为狂热分子，更不该像个偏执狂。他应该认识到，事情不会因为自己想让它们发生就会发生，即使为此竭尽全力也没用。努力让未来发生，如同在其他事上下功夫一样，也需要定期加以评估，这样才可以根据到目前为止的工作成果和对前景的展望，来掂量是否还值得继续。对未来的构想也可能成为管理层自以为是的投入，必须对其创造绩效和产出成果的能力审慎检验。纵然如此，致力于创造未来的人还是要信心坚定地说："我们真心希望企业成为这个样子。"

不一定每家企业都非得去寻找能够打造未来的构想。许多企业及其管理层连现有业务都没经营好，只不过公司暂时以某种原因苟延残喘罢了。特别是大企业，似乎总能蒙福于早期管理者的勇气、成就和远见，靠着惯性再过一段好日子。

但明天总会来临，而且总与今天不同。因此，即便是最强大的公司，如果不为未来做准备，也会陷入泥沼。它将失去特色和领先地位，留给自己的只有大公司的管理费用。它控制不了也理解不了正在发生的事，也不敢承担风险去让新的事物发生，所以但凡有事发生，它就会惊慌失措，必然承担更大的风险。即使是最大、最殷实的公司也承担不起这样的风险，而最小的公司更是没必要承担这样的风险。

管理者若不想得过且过只做一个应付手下人才的"管家"，就得承担起让未来发生的责任。正是管理者坚定不移地执行企业最后这项经济任务的意愿，将伟大的企业与平庸的企业区别开来，也将企业缔造者与高管办公楼层的管理员区别开来。

3

第 3 部分

为绩效而规划

MANAGING FOR RESULTS

关键决策

在分析企业及其各个经济维度的过程中，每一步都伴随着决策和行动，都有一些洞见会涌现出来，转化为各种任务和工作安排。分析过程的每一步还都应该有可衡量的成果指标。

不过为了充分取得成效，企业需要把所有工作整合进一个统一的**为绩效而做的规划**中。

为使当前的企业取得成效，可能需要一个具体的行动方针；为使未来的企业有所改观，采取的行动可能需要有别于从前。然而，为了当前的企业取得成效所做的一切，不可避免地要投入资源，并且不可避免地会塑造未来。而我们为了开创未来所做的一切，也不可避免地影响到当前企业方方面面的政策、预期、产品和知识投入。因此，各个经济维度的重大行动必得彼此关联，各方分析结果之间的矛盾必得加以调和，投入到各方的工夫必得保持平衡，不然的话，就会顾此失彼。企业绝不能为明日的许诺所诱惑而掩盖当前严酷的现实；而为明天做的事再艰难、再令人气馁，也绝不能因今天迫在眉睫之事而遭扼杀。

所有我们决意要去做的事都基于今日之所为。不管成果是计日可待，还是在遥远的未来，都得依靠当前可用的人力、知识和资金这些相同资源来取得。

因此，必须为企业的所有维度制定一套关键决策。这些决策涉及：

（1）经营构想。

（2）卓越之处。

（3）优先事项。

经营构想

每家公司都有一个自己的经营构想（也称"构想"），它是企业自身及特有能力的画像。而每项业务都清楚自己那份特有的、有望得到回报的贡献是什么。这个构想可以用"这不是我们要做的事"或"这不是我们这里做事的方式"这种再简单不过的陈述来表达；也可以用一份冗长的目标清单来表达。不管怎样，总得有一个构想来确定决策者们如何看待企业，想要采取什么行动方针，以及什么行动在他们看来是背道而驰或不可理解的。

经营构想总会定义要提供哪种满足感给市场，或者让哪种知识发挥效用来创造经济绩效。由此，经营构想也定义了企业必须在哪个领域取得领先地位并保持下去。

"我们为办公室经理提供现代办公所需的物资、辅料和设备。"

这种看似平淡无奇的陈述，却可能定义了一家企业的经营构想。

它点明了企业的市场所在以及它要为这一市场做出的贡献。这条陈述有一层意思没有明说，即这家企业的功能其实与真正的贸易商并无二致，它像贸易商一样懂得顾客需要、商品、货源以及产品性能等方面的知识。所以它为顾客（在此例中指办公室经理）采购的商品，要比顾客自己采购的商品更物有所值。这条陈述还有另一层意思，即这家企业要在其所处市场的某个主要细分领域履行领导者的义务——为今天的办公室带来超常的满足感，同时还要预见明天的办公室的需要和欲求，并为办公室经理提供他们眼中有价值的东西。

但是，这条陈述并没有提到（也没必要提到）实现经营构想的具体手段。这个手段可能是企业根据办公室经理的采购清单，自行生产大多数产品；可能是企业充当分销商，采购来每样产品，然后转售出去；甚至可能是企业充当采购代理商，从为办公室经理采购的所有物品中收取佣金。还有，这条陈述对于在哪个特定时间供应哪些特定的产品和产品系列也没有硬性规定。因为这些要根据时间、地点和情况来决定，要随着办公室、办公技术、办公室人员和办公用品的主要采购者的变动而变动。

"我们经营的业务是将高能物理应用于工业流程"这句话可以成为企业的主要经营构想，这里强调的是特定知识。"为那些以家为尊、以家为念的房主服务"，这可能是一份家居及家政服务杂志对其经营构想完美且充分的表述。

以下是一些大型知名公司的具体实例。

　　"我们是做公共服务的"是西奥多·韦尔（Theodore Vail）在 20 世纪初创建美国电话电报公司（即 AT&T 公司，其前身是贝尔系统）时遵循的经营构想，这话在当时听来近乎荒唐，因为一家"受到公众利益影响"的企业是有局限性和劣势的。但是，韦尔不仅接受了公共法规，而且坚持把公共法规作为一个由私人控股并管理的公共服务行业的先决条件。

　　"我们的生意就是帮企业发展"是皮埃尔兄弟对其信贷动产银行的构想，其后成为所有效仿者的经营构想。

　　"我们要做的事是将食品店和家庭主妇的工作和技能融入产品中"，这是每一家成功的食品加工企业的基本构想。

要使经营构想的定义切实有效，定义涵盖的内容就应足够宽泛，这样企业才有发展和变化的空间。否则，市场或技术稍有变化，定义可能就过时了。"我们做的是电视机生意"这种定义太狭窄，可"我们是经营娱乐业的"这种定义又太笼统。经营构想应该强化聚焦，应该确定企业必须在哪种特定知识领域有卓越之处，以及必须在哪个特定市场角逐领导地位。有了一个切实有效的构想，企业里的人就会说"这个构想合适，应该考虑考虑"；或者会说"这个构想不合适，不能做"。也就是说，它能给企业指明**方向**。

经营构想必须是有运营意义的，必须能从中得出行动总结，比如"我们必须做产品开发，这样说不定能研制出适销的设备，还能让顾客持续购买这种设备所需的专属辅料"；或者"我们在找与我们的市场营销部门和分销能力相匹配的产品和工艺，如果产品和工艺难以匹配，那么我们只把它们开发到能卖给别人或者授权给他人的程度就行了"；又或者"我们对将哪个特定技术领域应用于某个项目不是很感兴趣，而是更关心系统设计和系统管理能力对项目是不是必不可少"。

经营构想带来的最有运营意义的结论之一，或许是有关公司规模的决策。公司应该力争成为一家大公司吗？还是说至少相对于自己所处的市场及竞争对手而言，最好维持较小的规模？（没有绝对大或绝对小的公司，规模总是相对于市场和竞争对手来说的。）志于成长的企业与保持小规模才有最佳绩效的企业采取的策略是不同的，所要求的管理方式也不一样。

一家公司若不能以切实有效的经营构想来定义自己，就会变得茫无头绪，可能什么都想做，结果什么都管不好。

这尤其适用于那些只用宽泛笼统的表述来定义自己的企业，它们没有指明要在哪些领域达到卓越。像"电气行业"或"化学工业"这种泛泛的表述，不管它们在五六十年前多么有意义，如今已经不再管用了。"运输"或"通信"的意思也宽泛到了失去意义。如果这种包罗万象的词汇是唯一可用的定义，那就说明这家企业正在做的事着实太多了，多到什么也做不好。

如果有若干个主要事业部，每个事业部各自都能做起一块独特的业务，各自拥有特定的、有意义的经营构想，那么仍然可以把它们当作一家公司来管理，利用同一种企业知识，朝着同一个方向，奔向同一个目标。但是，如果公司汇集了杂七杂八的业务，它们既不面向同一市场，也不能利用少数几个知识领域的卓越之处，那么难管了（unmanageable），迟早会变得管不了（unmanaged）。这种公司在遇到第一轮经济绩效和生存能力的考验，也就是第一次危机时，便会发现自己陷入了困境。

无法将一个切实有效的经营构想发展下去，这是一个危险的信号。这个信号要么表明企业的专业化程度与市场和顾客不相关；要么表明企业无谓地将知识和所投入的工夫切割开来，没有通过真正的多元化使企业共同知识和所投入的工夫凝结的成果得到倍增。（有关专业化和多元化将在第 13 章深入讨论。）

一个经营构想若不能满足有效性的要求，一般都是定义出了错。

不过，唯一的正态性检验是对经验的检验。

本书多次提到以下问题，而经营构想对这些问题的答案做了总结：

- 我们企业经营的是什么

- 我们企业应该经营什么

- 我们企业将来必须经营什么

经营构想树立了**总体目标**（objectives）、设立了具体目标（goals）和方向，它决定了哪些成果是有意义的，以及哪些标准是真正适合用来衡量成果的。

卓越之处

与经营构想紧密相关的是确定企业塑造其特点的卓越之处是什么。这始终是指一种知识上的卓越之处，即企业里的人有某种实力，能以某种方式做事，将企业推到领先地位。因此，通过辨识一家企业的卓越之处，可以确定它所投入的真正重要的工夫是什么，以及应该投入的真正重要的工夫是什么。

许多成功的大公司的经验表明，就算对卓越之处的定义五花八门，其有效性也异曲同工。

正如第 7 章讨论过的，通用汽车显然高度重视在业务拓展和业务管理方面的卓越之处。相比之下，通用电气却从不鼓励员工去关心业务上的事，而是鼓励他们当好科学家或工程师。IBM 直到现在看重的都是销售能力和开发顾客的能力，区域销售经理才是关键角色。

除了经验检验，再没有其他检验方式可用来判定卓越之处的定义是否合理了。不过，有一些检验方式可以用来识别站不住脚的定义。

对卓越之处的定义得足够宽泛，这样才有变通、扩充和变动的余地；同时这个定义还得足够具体，这样才能聚焦。如果一家公司把自己的卓越之处界定在某个狭窄的专家领域，例如"高分子化学家"或"金融分析师"，就会害自己患上贫血症。而如果一家公司定义的卓越之处，读起来像分类电话号码簿的标题那样从"A"列到"Z"，那么它在任一领域可能连平庸都达不到。"全能"公司（或个人）只有一个出路：全方位失能。

一则切实有效的对卓越之处的定义，必须具有运营意义，并能得出行动结论。它必须是人事决策的基础：谁将获得晋升，因为什么？谁将获得聘用？什么样的人应是公司要努力去吸引的？应该拿什么去吸引他们？

对卓越之处的定义不能变来变去。这个定义要经由人，即经由他们的价值观和行为来体现和表达出来。不过，任何有关卓越之处的定义都不会永远有效，必须定期检视，从头思考。

在过去 15 年里，通用电气和 IBM 两家公司不得已都对自身卓越之处的定义做过增补。通用电气在规模上的变化，尤其是在市场方面的变化，促使它把业务管理添加到核心的卓越领域。而计算机业务也促使 IBM 开始重点强调自己作为专业科学家和工程师的卓越之处。

经营构想、企业结构、市场或主要知识领域的任何变化，都会要求公司改变对自己所需的特有的卓越之处的定义。

优先事项

无论一家企业多么简单，多么井然有序，它要做的事情总是远远多过可供其使用的资源，而各种机会也总是远远多过实现它们的手段。因此企业必须就优先事项做出决策，否则将一事无成。企业在这些决策中，表达了它对自己所知一切的最终评估，包括企业自身及其经济特质，优势和劣势，机会和需求。

优先事项决策将良好的意愿转化为能见实效的担当，将洞见转化为实际行动。这些决策表明了管理层宽阔的视野和认真的态度。它们奠定了企业的基本行为和战略。

似乎没人觉得决定优先事项特别难，大家觉得难的是如何决定"推后事项"（posteriorities），也就是决定什么事不该做。"别拖着，当舍则舍"，这话说再多也不够。无论一件事当初看上去多么值得做，可那会儿（有时是先前）不得已推迟了，如果现在回头再去做，其结果十有八九会铸成大错。正因如此，人们自然就不太情愿来设置推后排序。

优先事项决策是受机会和资源最大化原则（如第 9 章所述）左右的。除非能将为数不多的真正一流的资源全部投在少数几个重大的机会上，否则就算不上设置了优先事项。切记，真正重大的机会（即那些能发挥潜力和打造未来的机会）必须获得其潜力应有的资源，为此即使放弃一些眼下看似安全却规模很小的风险项目也应在所不惜。

不过，说到优先事项决策，真正重要的是企业一定要主动自觉地去做这件事。哪怕决策错误，将错就错也强过因为感到这事又烦心又头疼而逃避决策，逃避的结果就是，任由企业出现的偶发事件来设定优先事项，被它们牵着鼻子走。

有关经营构想、企业所需的特有的卓越之处和优先事项的关键决策，可以是有系统地做出的，也可以是随意做出的；可能是意识到它们所带来的影响之后做出的，也可能是为某些迫在眉睫的小事救急而做出的；可能是企业高层做出的，也可能是某个部下做出的，看似此人处理的是某个技术细节，实则决定了公司的特性和方向。

但是，无论以什么方式，无论在什么地方，企业总要有人来做这些决策。少了这些决策，企业就无法真正地采取任何行动。

没有任何公式能推导出这些关键决策的"正确"答案。但是，如果随随便便、不知轻重地乱拍板，那么得出的答案必定是错误的。为了抓住哪怕一线机会得出正确答案，就得有系统地做出关键决策。这是高层管理团队的一项责任，不能委托给他人，也不能推卸给他人。

企业战略

无论一家公司有什么样的规划：

- 它必须决定自己想要抓住什么机会，以及自己愿意并能够承受什么风险

- 它必须就其范围和结构做出决定，特别是要决定如何在专业化、多元化和一体化之间取得恰当的平衡

- 它必须在时间和金钱之间，在"自创"和"外购"（出售一个事业部、兼并、收购和合资）之间取舍，以实现企业的目标

- 它必须决定建立一个什么样的组织结构来与其经济现状、机会和绩效体系适配

合适的机会和适度的风险

企业必须设法尽量降低风险。但如果在行事时总是忍不住想逃避风

险，那么最终可能就得承担最大的风险，即无所事事的风险，而这是最不明智的。若一开始就抱着消极的念头，那么就总能为无所事事找到一堆"好"理由。然而，无论风险有多么重要，都不是决定行动与否的标准，它只是对行动有所限制。我们应该对行动本身有所选择，从而使机会最大化。

分析企业各个经济维度后，各种可以利用的机会也应该随之呈现出来。接下来，要将这些机会当成一个整体来看待，对它们加以整理和归类。

机会分为三种类型：

- 添加型（additive）
- 互补型（complementary）
- 突破型（breakthrough）

添加型机会是要更加充分地开发利用现有资源。这种类型的机会不会改变企业的特质。

把一个现有产品系列扩展到某个不断增长的新市场就属于添加型机会。造纸厂家把市场从商用印刷领域延伸到办公室复印领域，利用的就是添加型机会，只是产品和销售方法可能需要大变样。

对于添加型机会，应该只在极少情况下才优先投入工夫。因为回报有限，这类机会的风险应该很小。不该让添加型机会去挤占互补型机会或突破型机会的资源。

互补型机会将改变企业的结构。它能带来一些新的事物，这些新事物一旦与当前企业结合，就会产生一个大于各部分相加的新总和。

为了在塑料领域建立一家造纸公司，而去收购一些既用纸也用塑料的包装加工企业，利用的正是互补型机会。

想要捕获互补型机会，至少得在一个新的知识领域有卓越之处。因此，互补型机会需要自我掂量一下：我们愿意为了获得、支持、褒奖这项新的卓越之处而对自身做出改变吗？我们能够做出这种改变吗？

某大型机械公司在研究实验室中开发塑料材料成型和塑形技术，并取得了相当令人振奋的进展，为了利用这个成果，该公司进入了有机化学领域。但是，它试图像管理一项机械类业务那样来管理这项化学品业务，用的还是同一类人和同一套基本规则。结果它在塑料领域的巨额投资非但没能创造利润，反而为竞争对手开辟了市场。最后，公司赔上血本变卖了自己的化学品风险投资业务。

互补型机会总是蕴藏着相当大的风险。如果这类机会看上去"毫无风险"，那就应该视之为自我错觉，避而远之。因此，除非这类机会有望让整家企业的财富创造能力倍增，否则就算不上一个绝佳机会。

突破型机会改变的是企业的基本经济特质和实力。

突破型机会的典型例子是第 10 章讨论过的如何转化制约因素，这始终是企业必须突破的地方，而且可能带来非凡的成果。

突破型机会要求巨大的投入。它要求一流的资源，特别是人力资源；通常还要求在研发上投入大量资金，不然就要付出大量的资本投资。而且这类机会的风险常常也是巨大的。

因此,这种机会的最低回报也得相应地十分可观才行,不然就只能算一个小机会,不值得追求。

施乐公司(Xerox Corporation)是美国新近异军突起的一家企业,它告诉我们的就是一个突破型机会的故事。为了克服办公室复印技术所受的一大限制,有人发明了一项工艺。这项工艺先是给到许多大公司,可这些公司全都将它拒之门外,理由是工业化开发风险大且费用高。哈罗伊德公司(Haloid Corporation,施乐公司的前身)把这项工艺"捡回来"的时候,自己还是个小不点儿,然而它把借来的差不多 4000 万美元全花了,终于搞出一项可运行的工艺。随后它很快便获得了非比寻常的回报。

但凡公司想拥有未来,对突破型机会就不得小觑。这是典型的可以让未来发生的机会。但它所需投入的工夫也相当大,大到若是成功突破,就应该能够缔造一个新的行业,而不只是多了一样产品。

机会也可以按照它们与企业的"适配程度"(fit)来分类。

《时代周刊》股份有限公司(简称"时代公司")是美国首屈一指的杂志出版商之一,它除了把《时代周刊》这本面向一般大众的杂志做得很成功,发行量很高,其他业务都做得不行。而另一家出版商麦格劳 – 希尔(McGraw-Hill),只是在面向特定领域或行业(如化学工程)有限读者的杂志发行上做得很好。因此,麦格劳－希尔公司轻而易举做到的事，在时代公司看来就算可行，风险也极高。反之亦然。

为什么一家公司实施起来很轻松的行动方针，对另一家同样管理有序的公司却很难？原因很难说清。但这的确是一个事实。所以，我们必须根据一家公司的经验，根据它过去的成功和失败来思量机会。如果一家公司不管因为什么总是把握不住某种机会，那么它成功的概率就不高，而风险却很大。

最后我们可以问：这类机会能帮我们实现经营构想吗？还是会将我们带偏？

与经营构想相抵触的机会仍有可能是合适的机会。经营构想与重大机会之间的矛盾也许正是一个苗头，提醒企业应该重新定义自己的经营构想。但是，那些把企业带偏的所谓机会通常都会给企业带来承受不起的风险，即企业无法利用成功之势，乘胜追击。

风险也要分类。判断一个风险是大是小，看的是风险构成，而不是单个风险的严重程度。

风险基本上分为四类：

- 必须接受的风险，即企业特质自带的风险
- 承受得起的风险
- 承受不起的风险
- 不能不承受的风险

几乎各行各业都有原生的**必须接受的风险**，企业只有接受它们，才能

继续留在行业中。而这些风险其他任何行业常常是经受不住的。

> 开发新型抗生素、镇静剂或疫苗这类全身用新药，始终伴随着危险，企业带给市场的可能不是治病良药，而是杀手。1960～1962 年由沙利度胺（Thalidomide）引发的婴儿致畸事件是一个可怕的悲剧，10 年前第一批小儿麻痹疫苗接种引发的儿童致死事件是另一个悲剧。两个悲剧，无一能够避免。我们对人体习性所知太少，不知道如何测试全身用药给人体带来的所有可能作用。

弄出这么个药物对制药企业来说不啻灭顶之灾。它不仅给使用药物的人带来了极度的痛苦，也损害了制药企业的自尊，重创了它们的自信。各家制药企业必须相信自己的使命是治病救人，至少是帮人减轻病痛，才有可能一路成功。然而，任何企业若想跻身今天的制药行业，就不得不承受上述风险。

就我所知，其他行业的企业没有哪家乐意接受这样的风险。

然而，各家企业也都有其固有的其他风险，只是通常不如上述风险触目惊心罢了。

为追逐机会而白费的钱和工夫都应该是**承受得起的风险**。如果需要耗费的资金是公司亏不起的，亏了就活不下去，那么公司就消受不起这样的机会。考量每个新的风险项目，我们都应当问自己：如果这笔投入全打了水漂，我们遭遇到的最惨的事会是什么？它会击垮我们吗？会削弱我们的实力并让我们一蹶不振吗？换言之，这个风险我们能承受得起吗？还是承受不起？

因此，**承受不起的风险**在某种程度上是与承受得起的风险互为对立的。不过，还有一些承受不起的风险另具特质，这里特指那种无法利用成功之势乘胜追击的风险。

只有等风险项目彻底失败了，最初要求投入到这个新项目的资金才算到了头。如果它一切顺利，少不了还得要求追加投资。若是由于资金不足而不能利用成功之势，也属于一种承受不起的风险。同样严重的（甚至更常见的）风险还有：因缺乏知识和市场而无法利用成功之势。

因此，在启动所有新风险项目时总是要问：我们是否有能力趁热打铁，利用成功之势？我们能否筹措到资金，将一个小小的初始成功打造成一个可观的业务？我们有没有技术和市场营销能力实现初始成功向我们开启的机会？还是我们只是在为他人创造机会？

突破型机会是**不能不承受的风险**。

有个经典的例子被人津津乐道，就是通用电气在二战后不久开始涉足原子能领域的故事。公司的科学家和工程师众口一词，想当然地认为要把原子能转化为一种廉价电力能源这种机会微乎其微。但通用电气还是认定，万一原子能发电技术被别人开发出来，自己这种生产能源设施的大企业是承受不起被晾在一旁的风险的。于是，它投入了巨额资金，并且配置了一批富有成效的优质人力资源，想要"赌一票大的"。

不过，企业为一个不能不承受的风险所投入的工夫，只有获得极高的回报时才是划算的。

我们无法确保一定会选对机会，但我们可以确定，除非做到以下这些，不然肯定没选对：

- 把重心放在机会最大化而不是风险最小化上
- 对所有重大机会，要就其特点进行系统性的、通盘的审查，而不是逐一单独审查
- 努力去了解哪些机会和风险适合某个特定的业务，哪些不适合
- 在眼前容易把握的机会与长远且艰辛的创新机会之间取得平衡，前者可以改善企业现有状况，后者则将改变企业的特质

专业化、多元化、一体化

每家企业都需要一个核心，也就是一个自己能主导的领域。因此每家企业都必须术业有专攻。但是每家企业也必须尽量从自己的专业化（specialization）中挖掘最大经济成果。所以，它还必须走多元道路广采博收。这两者之间的平衡状况，决定了企业的经营范围。

35 年来，《父母世界》杂志企业（Parents Magazine Enterprise）一直在儿童杂志和图书出版方面独领风骚。1963 年秋，它收购了美

国最著名的玩具零售连锁店 F.A.O. 施瓦茨公司（F.A.O.Schwarz），但这项举措丝毫没改变它的专业化，反而扩大了公司的经营领域，使其专业化得到充分利用。

联合利华（Unilever）也是在专业化和多元化（diversification）之间平衡发展的例证。联合利华在全球 60 多个国家和地区拥有 500 家公司，其复杂程度让外部人极少能搞明白它的结构。联合利华的经营活动五花八门，从种植油料作物到捕捞鱼类，再到面向最终用户销售各式各样的商品。然而，它同时也是一个高度专业化的企业，主打食品杂货营销，从鱼类、加工食品到肥皂和日用化学品，无不如此。因此，联合利华旗下的任何业务——不管是杂货连锁店还是捕鱼船队——都可以基于食品杂货业务所具有的高度专业化知识和能力来理解。

相比之下，绝对的专业化或者绝对的多元化都极少带来效益。企业专擅某一领域，这比独立的专业人士或设计师的情况强不了多少。一般来说，这种企业都无法成长，而且很可能因人而终。反之，多元化的企业若缺乏专业化或特有的卓越之处，也会难以管理，最终变得根本无法管理。

一方面，经营企业是需要某种核心资源的。它需要把自己的活动整合到一种知识或一个市场中，它需要一个领域，据以做出有意义的商业决策。若非有这样一个核心，企业里的人很快就说不到一起了，管理水平也开始有失水准，不知道什么事才要紧，也无法做出相应的决策。而另一方面，企业也需要在多个成果区开花结果。有了这种多元化，才有机动性，才有条件在市场和技术瞬息万变的世界中立足。

·　家公司要么在高度专注于自己基本知识领域的同时，在产品、市场和最终用途上实现多元化；要么在产品、市场和最终用途上保持高度专注，在知识领域实现多样化。介于两者之间的任何做法都不可能取得令人满意的成果。

康明斯发动机公司的例子说明企业可以实现二者的均衡发展，并且可以从一个做法彻底转换到另一个做法。多年来，康明斯一直成功地专注于一个知识领域——重型卡车柴油发动机的研发与制造。然而在顾客和市场方面，它却实现了广泛的多样化，产品销往世界各地的卡车制造企业。但是近来，独立卡车制造商的数量持续下降。于是 1963 年秋，康明斯彻底转变了它的传统策略，与美国仅存的最大的独立卡车制造商怀特汽车公司（White Motor Company）合并，后者在诸如轻型和中型卡车、挖掘机等设备方面也要用到发动机，也有大量生意。康明斯由此从专注生产某一种柴油发动机转向集中为某一个顾客提供服务，从市场和顾客的多元化转变为知识和产品的多元化。

专业化与多元化之间的平衡状况，在很大程度上决定了一家公司资源的生产率。

重要资源之间出现失衡现象（如第 10 章所讨论的），总是表明专业化和多元化的关系出了问题。不管是什么情况，解决方案只有一种，就是改弦易辙——要么从某种专精领域及知识的共同核心中汲取养分，多样化地经营活动；要么重新定义自己所需的专业化。前面我们提到一家小型制造商就采用了这种方案，为了让数量众多且训练有素的销售人员充分发挥作用，它把自己重新定义为分销商，并且将专业化重心从工厂和技术转向市场营销和销售。

然而康明斯发动机公司的故事表明，即使完美的平衡也很容易被打破。市场和经济状况一有改变，企业就总要调整来保持平衡。

这方面的最佳例子是那些在欠发达经济体中发展企业的传统企业家。他们是 19 世纪欧洲、美国和日本的企业缔造者；他们是今天巴西、印度及世界上许多其他发展中国家和地区的企业家。例如，巴西的马塔拉佐家族（Mattarazzo），缔造了一个多元化到极致的企业帝国。一般来说，这些企业家会创立、控制并管理很多企业，包括制糖厂、纺织公司、银行、水泥厂、小型钢铁厂，等等。

他们在企业发展初期，对稀有的业务拓展和管理知识表现出高度的专业化。但是，当经济发展到成熟阶段时，这种知识便不再稀有。接下来，专业化技术和市场营销知识则变得极其重要。起初那个兴趣广泛的企业家个人变得无足轻重，继而成为拖累，渐渐蜕变为投资者，直至最终销声匿迹。

一旦企业在知识领域出现重大变动，其经营范围也得重新定义。最后，一旦企业经营构想和卓越之处出现任何变动，就需要重新设计专业化和一体化（integration）的平衡。

一体化常被用作实现多元化或集中化的手段。前向一体化，即将经营范围朝市场方向延伸，一般会增进多元化。

前面提到的那家造纸企业采用的就是朝市场方向（前向）一体化的做法，它收购了许多包装公司，以此将塑料带来的威胁转化为机会。这样一来，即使不涉足塑料技术领域也能实现多元化。类似的例子成百上千。

后向一体化，即从市场朝制造领域整合，或从制造领域朝原材料领域整合，往往是集中化的一种方式。

世界上所有大型铝制品加工企业都已实行了后向一体化整合，哪怕建炼铝厂需要投入巨资，它们还是涉足了铝金属生产环节。在供应充裕的情况下，铝金属通常是可以弄到的，只有在战时才会出现短缺。但是，仅铝制品加工方面的卓越之处，显然不足以支撑一家大型企业。

无论是前向还是后向，企业需要一体化整合的另一个原因是经济流程中某些阶段的成本和回报出现了失衡。

比如那家造纸企业，它收购了一连串纸品店，目的是提高平均利润率。一家纸品店需要投入的资金不多而且货品周转非常快。年景好的时候，企业在造纸环节投入一美元，所赚的钱可能比在纸品店投入一美元赚的多得多。但是遇到年景不好时，纸品店的风险可是要低得多，因为它的盈亏平衡点很低。

因此，做一体化整合决策前，第一步是分析整个经济流程的成本结构和成本流。经济流程各个阶段的组合若能长期保持成本和收入的最优比率，那么这就是企业的最佳一体化平衡状态。不过这种平衡的代价是固化情形会加重。

每一家通过自建印刷厂实现后向一体化的杂志出版商都发现了这个问题。这种印刷厂是要靠印刷流程、发行数量、刊印频率、页面大小等因素兜底的。只要所有这些因素保持不变，这种平衡状态对企业就非常有利。可它们绝无可能一成不变。只要有变，到那时候"我们高效率的印刷厂"很快就变成了成本核心，而不再是收入核心了。

鉴于专业化、多元化、一体化这三种战略的影响极大，风险也极大，应让它们接受双重检验——经济成果的检验和经济风险的检验。

企业所选择的完形格局和经营范围，应该使其堪当重任，取得更了不起的绩效，乃至完全改变企业的各项特质。2+2 至少不应低于 5。而因市场或知识、产品或技术改变招致的一切风险，都应该是企业承受得起的。

✦✧✦

自创还是外购

　　企业发展的主要动力来自内部，因此需要时间。但到了某个发展节点，也可以用金钱来换时间，即购买别人的业务，而非自己创建。在极少情况下，企业既没有时间也没有知识自创新业务，那就只得诉诸财务手段——要么卖掉子公司或次要产品系列，要么收购、兼并、合资。

　　如果一项业务或一个产品系列对其他企业更有价值，通常就可以考虑把它卖掉。比如，某个主要产品系列的增长，可能来自放弃某个次要产品系列。

　　当 IBM 公司的聚焦点从简单的机械设备转向高度复杂的计算机电子技术后，它在美国的（考勤）打卡钟业务就不再适合公司战略了，于是 IBM 在二战后就把这项业务卖掉了。

　　最常见的该卖掉的企业是那些管理能力跟不上自身业务发展的企业。这种企业一般都由某个才干超群的人创立，并在他的带领下发展到相当规模。客观来看它的前景向好，可不知怎么结果却不如所期。究其原因无非一种——创始人或其家族的经营哲学、习惯、做法已经跟不上企业的发展。除非主事的人能改变他们的眼光和习惯，不然企业很快就会走向衰败。

　　这类"成长型"企业是造成 1962 年春季纽约证券交易所大崩盘的罪魁祸首，因为其管理能力跟不上企业成长的脚步。此前，华尔街醉心成长，四处搜寻快速扩张的公司。然而在许多情况下，这些小公司缺少有力的管理，无法继续壮大，结果它们的表现没能达到华尔街的预期，股价暴跌。

留给这种企业的时间不多了。如果听凭这种情况恶化下去，企业须臾之间就会化为乌有。如果管理能力不能满足企业发展需求，阻碍其成功，那么将企业卖掉这种做法虽是一剂猛药，却常常是挽救企业的唯一办法。

收购或兼并也同样适用于那种无法依靠自身资源成长到合适规模的企业（在第10章讨论过这个问题）。这种企业因其"现有规模"与"市场或技术所需规模"之间存在落差，所以必须倾其所有收入来维持管理之需。在这种情况下，只有收购其他企业（或被其他企业收购）才能带来必要的快速扩张。再有就是兼并，即将两个类似的，每个都很小的企业合并在一道形成一个规模合适的企业。

两家企业互为合作伙伴，联合创建的第三家企业叫合资企业，合资企业是独立的，却由合作双方共同拥有。合资企业往往是一种最佳途径，可借此打入两家母公司都不曾涉足的市场，或利用两种不同知识资源去争取一个新机会。其道理也与前面的一样，双方若单独去做这些事会耗时太长。

西方企业若想到日本这种与自己有文化差异的国家开展业务，唯一途径往往是合资。若要进军日本，西方企业必须了解日本市场、日本传统，最重要的还要懂日语，而这要花很多年时间才能掌握。与此同时，日本也得花很多年时间才能开发出自己想要的技术、产品和流程知识。所以，合作双方都要把自己独有的东西贡献出来。合资企业开辟的是一个双方都不曾有的市场，其文化有别于西方的母公司，技术与产品系列则有别于日本的母公司。

收购有时是在专业化和多元化之间重新获得平衡的最佳途径，往往也是为企业增添新能力和新知识的最佳途径。兼并可能是将失衡的资源转化为优势之源的最佳途径，而出售企业可能是让老业务或老产品系列回到"产奶状态"的最快方式。

然而，这些财务手段操作起来很难而且要求苛刻。它们代替不了人员和组织的发展，代替不了创新，也代替不了企业为经济目标和经济业绩而付出的努力。这些事情都要企业从内部下功夫，需要花时间。

再者，用钱"买"时间从来都不便宜。若是我们"买"来的时间里，有别人已经投入的知识、资源、产品、市场，那么更要支付溢价。除非这桩收购有望给企业带来极大的好处，否则为此付出的成本就不合算。

最后，花钱"买"了时间之后，除非企业内部也能带着明确的目标去下功夫，否则绝无可能成功。

这方面最有说服力的是杜兰特建立通用汽车的例子，他靠的全是财务收购。杜兰特买下一些公司后，也收获了一批超级能干的人。但是杜兰特通过财务手段为通用汽车创造的这一切只有在他下台后，由斯隆接手公司，确立了经营构想并组建了一支管理团队后才发挥出作用。在一个成长型行业中收购一些质地优良的企业，却各交给一位高手经营，让它们各自单打独斗，那就只能离灾难不远了。

公司若相信财务运作能够取代目标明确的管理，最终将无一不陷入悲剧。比起从内部发展，利用财务手段对管理层，对其能力及其直面艰难决策的意志力都提出了更高要求。财务手段的确可以为企业省时间，它将企业多年的成长和发展"浓缩"成一桩合法交易，殊不知此举也将多年积累的问题和决策一并"浓缩"进很短的时间内。每一桩合并案都会引发许多问题，尤其是人和人际关系的问题，这些问题之多，丝毫不亚于企业靠内在力量发展壮大成一家新企业时可能产生的问题。从来没有哪桩收购能做到真正的水乳交融，也从来没有哪桩收购能不加以重构就开始产生预期成果。合资企业如果经营成功，无一例外都会引出各种问题，迫使各自母公司改变原有的习惯和期望。

因此，财务方面的交易只是经营策略的一个工具，它们不能取代经营策略。

利顿工业公司（Litton Industries Company）是位于加利福尼亚州的一家"科学"公司，它或许算是二战后"靠股权交易建立的公司"的杰出代表。在 1953～1963 年的 10 年间，这家公司从零开始发展到每年坐拥 5 亿美元销售额，靠的全是收购。不过，查尔斯·桑顿（Charles B.Thornton）这位一手将利顿工业公司"组装"起来的人却说："为了在波涛汹涌的技术巨变中活下来，我们不得不赶快让自己长大，变得更孔武有力。不过，我们买的从来都不是什么公司本身，我们买的是时间、市场、产品系列、工厂、研发团队和销售队伍。"（摘自 1963 年 10 月 4 日出版的《时代周刊》）

管理层只有真正让这些交易的财务层面服从于经营策略，这些财务手段才能成功发挥用场。不然，它花出去的钱都是打水漂，什么也买不来，更不用说"买"来时间了。

结构和战略

最近出版的两本书⊖记录了一家公司的组织结构与其成果产出和成长能力之间的关系。钱德勒教授指出，结构要服从战略。彭罗斯小姐也清楚表明，公司发展需要与之相适应的结构。

结构得当并不保证就能有成果，但结构失当必使成果的孕育中断，哪怕把功夫全下对了地方，也终将半途而废。最重要的是，组织结构必须凸显真正有意义的成果，也就是说，这些成果与企业的经营构想，与其卓越之处，与其优先事项和机会是相关的。

将经营绩效和经营成果凸显出来，这当然是分权化（decentralization）的一个主要好处。在分权化组织结构下，公司各单独部分均被设置为分立的业务实体。但是，实行分权化的前提是要从经济角度理解企业，其实也就是持续致力于各个分立的业务单

⊖ 伊迪丝·彭罗斯（Edith T. Penrose）的《企业成长理论》（*The Theory of the Growth of the Firm*，牛津，1959 年出版）和艾尔弗雷德·钱德勒（Alfred D. Chandler, Jr.）的《战略与结构》（*Strategy and Structure*，马萨诸塞州剑桥市，1962 年出版），这两本书中有许多令人兴奋的观点和敏锐洞见。

元以及公司整体的经济任务，并将这些任务交代给高层管理团队和核心部门。不能为某个独特的市场带去某种独特的产品或服务的，称不上是真正的"生意"，将其设立为"业务"活动毫无意义。然而，如钱德勒教授在书中所指出的，如果能满足前面的两个条件，分权化组织结构就是最有利于企业经济绩效和成长的结构。

然而，无论组织结构与企业今天的需求多么契合，只要业务发生变动，就必须重新对组织结构加以检视：划分成不同的组织单元（components）后，还能继续提升公司的整体经济绩效吗？会不会让组织单元的成果出了风头，却牺牲了整个公司的利益？为达到卓越而投入的各种工夫需要安排明确的责任归属吗？还是听凭这些投入淹没在一堆普普通通、没有特色的平庸事物中？

这种与组织结构有关的问题需要时时被提起。事实上，这些问题对小公司比对大公司更关键，不是因为别的，只是因为小公司通常不太关心结构问题。这些提问还特别适用于那些正在经历快速成长期的公司。事实上，最好的办法就是把这类公司的结构想深想透，以防其因增长过快，管理跟不上，最终沦落到只有出售业务才能活命的地步。

有一项工作自始至终都需要被当作一个特别活动来安排，这就是从经济角度对企业、对企业的各个维度和任务，以及对它的绩效体系加以分析。这项工作与其他工作截然不同，这项工作至关重要，这项工作还无比浩繁，因此必须指派专人去干，并且对其负责。除非公司小到不能再小，否则都应该有人全职来做这项工作。

　　我在本章的所有阐述，都是想要说明管理层在制定绩效规划时应该对以下这些重大领域有所考虑并加以斟酌：机会和风险、经营范围、财务战略，以及组织。这是因为一家企业在这四个方面的战略决策，将极大地决定它所选择的做事方式能否很好地契合它的目标和雄心壮志。

将经济绩效植入企业

把一个创业型规划（entrepreneurial program）转化为绩效的前提是有效的管理：

- 这一规划必须转化为有专人负责的工作
- 这一规划必须根植于企业的实践
- "聚焦于经济绩效"的观念必须深植于人们的工作和组织精神

工作计划

正如为了取得绩效，全公司需要一个统一的规划，为了待开展的工作，全公司也需要一个统一的计划。

这种计划的基础当然是企业在经营构想及其总体目标、卓越之处、优先事项以及战略方面的决策。从这些决策中，工作计划首先会派生出具体目标和数量指标。企业必须取得什么成果？在哪个领域取得成果？何时取得成果？在此基础上，再来评估需要下哪些功夫，并挑选要投入哪些资源。

接下来是**分派工作**（assignments）。把绩效转化为一项有专人负责的工作。若是一项真正的分派，还得设定一个最后期限。没有最后期限的工作不能算是分派的工作，而是在闹着玩儿。

要格外重视知识工作的计划，它比其他工作要求更多分析、更多指示，以及目标更明确专注的行动计划。站在机器边上的人应该做哪些事，通常简单明了；但坐在办公桌前的销售经理做多少事就难说了，他很可能什么也没做，却在很长时间里谁也没察觉。然而只在少数企业中，知识工作是经过周密考虑的，并有明确的目标牵引。

公司手册和预算中对知识工作的定义大都流于表面，尽是些含糊不清的概括。"全面支持公司的市场营销工作，为其献计献策"这个句子很常见，"要充分改善各层级人力资源的利用状况"这句也是。可为什么市场营销工作需要"献计献策"？还有，它期待就此获得什么成果？什么时候获得成果？这些都没提到。

无论是在技术、市场、顾客领域，还是在其他领域，做研究都是花费最多，要求也最高的知识工作，因而更加需要有一个明确的、直接针对企业总体目标和具体目标的计划。

企业越来越需要的是纯研究，也就是为获取新的、尚未出现的知识而开展的研究。这种研究需要特别聚焦在经济成果上。研究的总体目标越明确，就越富有成效。当然，研究能否出成果尚不可知，而且成功的概率并不大。可是一旦做出成果，这些成果就应该是能够用于创造经济价值的。杜邦公司做出尼龙这事就是纯研究。可它明显是冲着某个经济成果去的，这明显是符合杜邦公司经营构想的，对杜邦公司的总体目标明显也是有助益的。类似情形我们从贝尔实验室研制晶体管的工作中以及通用电气研制人造钻石的工作中都可以看到。1963年两位诺贝尔奖得主——德国的卡尔·齐格勒（Karl Ziegler）和意大利的居里奥·纳塔（Giulio Natta）所做的高分子化学研究可谓纯粹到了极点，可他们从一开始就十分关注这项研究的经济成果，即开辟一个重要的新产业。

知识工作中有件事要切记：别做无法带来重大成果的研究，就算能做成也别去做。知识工作（特别是涉及研究的工作）中还有件事要切记：放弃那些不再能带来成果的事，把稀缺资源集中在能出成果的区域。这是因为知识工作只有交给行家里手去做才会富有成效，而知识工作领域的能人与其他人类事业领域的能人一样凤毛麟角。

企业的实践

所有与新的风险项目、资本投资，或者新产品或服务有关的提案，都应该以公司绩效规划为指导。所有这些提案应该一并呈交，而不应零打碎敲地提出来。这种做法适用于某个特定时期的资本投资决策，也适用于新产品或服务的决策，以及所有新活动和新任务（特别是知识领域的任务）。只有如此，才可能发现这些提案是否在争取让公司的资源用到最该用的地方，以及是否聚焦于正确的机会和应取得的成果上。也只有如此，才能看出提案所建议的投资、产品、活动是否以实现企业经营构想为目的，以及是否有助于企业实现自己的总体目标。

每个单独的提案都应清楚地阐明它背后的期望。依据提案，我们推测并思考：将有什么事发生？这些推测与我们基于公司绩效规划所期待的有什么不一样？若不启动新投资项目，不开展新活动，不推出新产品会有什么后果？

如果这个新的风险项目不成功，企业将受到什么影响？一份提案若不能直言不讳、毫无隐瞒地指出我们能设想到的最坏情形，就不应该被予以认真考虑。同样，我们也必须考虑成功将带来什么后续影响。如果这个新的风险项目成功了，我们需要承担和履行什么责任和义务？还有我们能否承担和履行这份责任和义务？

每一份新的风险项目提案都应该聚焦于整个公司。仅仅知道风险项目本身有望产生什么成果是不够的，还要知道它将给企业的整体经济实力和成果带来什么影响。有些提案许诺将为投入的工夫和资金带来高回报，却不能为企业的整体经济状况带来多少改观，认为这无关紧要。而另一些提案，仅就其本身而言可能刚刚回本，却有望大幅增强企业创造成果的实力。提案最重要的不是为某个特定风险项目带来多少回报，而是它对整家企业的成果带来什么影响。

每一份新的风险项目提案都必须详细说明需要哪些资源——尤其是人

力资源，以及这些资源来自哪里。除非真有优质资源可用，否则进入任何新领域都是毫无意义的。

　　因此，凡是启动重大新任务的提案都必须指明企业要放弃哪些旧任务。新任务所需的与能力有关的资源（尤其是正巧合适的人才）极少是闲置在那里的。企业需放弃旧任务，或者至少让旧任务处于"产奶状态"，才能将这些资源派上新用场。

　　另一项必要的企业实践，是每三年左右对企业的所有产品（或服务）、所有活动和所有主要组成单元系统化地重新加以检视。这个检视是首先对预期与现有绩效进行比较，然后问自己："如果今天没有这个产品（活动或部门），我们还会启动它吗？"如果答案是"否"，那么我们要接着问："那么我们还应该继续吗？为什么？"

　　如果我们想给新生事物一个机会，就必须心甘情愿地剪除不再能结出果实的老枝条。如果我们想让组织中的人富有"创造力"，就必须用这样一种管理方式：使工作内容和职业发展与寻求新的生机相关联，而不是与旧的死守相关联；使之与争取成果相关联，而不是与墨守成规相关联。

人、他们的工作和他们的精神

　　不久前，制定经济决策的还只是几个位高权重的人，甚至在超大企业里也是如此，其余的人不过是决策的执行者。可是，今天的现实却不再如此。1963 年 9 月，弗雷德里克·卡佩尔（Frederick R. Kappel）作为世界上最大的私人控股和私人经营企业美国电话电报公司的首脑，出席了在纽约举行的第十三届国际管理大会并在会上发表了演讲，在演讲中他简明扼要地描述了当下的情况。

卡佩尔说道，多年前，我们的企业刚开始创建时，是根据高管团队的愿景来确立组织目标的。相比之下，今天的企业目标和未来愿景，不再是高管团队强加给大家的……我们的观点不是单靠业务经理形成的，也不是单靠研究部门的主管或单靠开发工程师形成的……决策的责任确实落在企业首脑的肩上，但决策本身是多方判断的产物……为了使知识工作者做出自己的贡献，企业必须：①清楚了解什么是自己需要的，以及什么是切实可行的；②在经缜密推导后，确定获取理想成果的最佳方针；③具备一套可靠的标准来衡量已掌握的手段和有待发现的手段……一家企业只有清晰地认准自己的目标，且清晰地表述出这些目标，才能激发科研人员的干劲儿。

今天，即使在小企业，靠知识而不是靠手工和力气做事的人也多了起来。每一位知识工作者都要做出与经济有关的决策，他也许是一位要决定继续还是放弃某项目的研究工程师，也许是一位要决定哪种成本定义更适合企业的会计师，也许是一位要决定把最强销售力量派往哪里的销售经理，也许是一位要界定某产品主战场的市场研究员。为了做出正确的决定，知识工作者必须知道需要什么样的绩效和成果。反过来，用卡佩尔的话说，知识工作者做事靠的是"激发"，而不是监督。他必须自我指导，自我管理，自我激励。而且，除非他能看到自己的知识和工作如何为整家企业做出贡献，否则他是不会做这一切的。

因此，在定义组织中每一名管理人员和专业人员的岗位时，有一点是必不可少的，即要以其岗位为实现公司经济成果所应做的贡献为依据。以劳动或技能为依据来定义某个岗位，对那些只要老老实实干活儿就算做贡献的人是够了；而对那些得有知识和判断力，得能自我指导，得能被激发出"热忱"的人来说，重点必须放在贡献和成果上。

公司若想让员工做出所需的贡献，就必须回报做贡献的人。最新分析表明，一家公司的精神是由它选择的担任高层职务的人决定的。总之，唯一能真正"左右"组织的是人事决策，特别是晋升决策。这些决策表明一个组织真正相信的是什么，真正想要的是什么，真正主张的是什么。这些决策比言辞更掷地有声，它们讲述的是故事，比任何数字都更清楚明了。

把对经济绩效的渴望注入公司精神的前提，是在关键晋升机会中着重于完成经济任务的能力。这种晋升策略可谓通用汽车、杜邦、西尔斯这些保持高绩效水平的公司的"秘密"。

这种关键晋升对某个人来说不是第一次升职——虽然对他和他的职业生涯来说可能是最重要的一次。这也不是他最后升迁到高层职位的那一次，那一次通常是管理团队从一小拨已经预先选拔好的人（预选梯队）当中再做遴选。

关键晋升机会是让人能进入那个预选梯队，从而成为明天顶层人物的候选人。这是一个令组织金字塔骤然变陡的决策点。到达这个决策点之前，一家大型组织中每个空缺职位通常有四五十人可供挑选；而过了这个决策

点之后，每个空缺职位的选择范围就缩小到了三四个人。同样是到达这个
决策点之前，被选中者通常只在某个领域或某个职能部门做事；而过了这
个决策点之后，他就要面向整家企业做事。

> 军方谙熟此道已有多年。晋升少校前，升迁通常看资历，而
> 且很大程度还要取决于候选人的生存能力。但是，每三四十位少
> 校中，只有一人能晋升为上校。而只有那些升为上校的人，日后
> 才有机会升为将领，因为未来的将领是从一小批上校中选拔出来
> 的。因此军方"晋升委员会"最谨慎的莫过于选拔上校。

在企业中，得到这些晋升机会的人常常仍会从事职能性或技术性工作，
或仍在某一特定领域工作，比如市场研究主管、助理总工程师或助理财务
总控。然而，这些晋升机会决定了企业明天的高层管理团队。此外，就组
织自身而言，这些都是最受瞩目、最有意义的晋升，也是组织内人们盯得
最紧的晋升。因为处于这些职位的高管，都是组织中大部分管理和专业人
员必须与之保持密切工作关系的人。

因此，如果企业要专注于经济绩效，那么它在填补这些关键职位时，
就必须奖掖那些已被证明有实力为公司具体目标和成果做出贡献的人，那
些在经济任务面前一展身手的人，还有那些乐于为整家企业效力而不只是
甘居某个职能或技术领域专家的人。

有实力完成经济任务并且有意愿为企业效力，绝不是成为一名高层管
理者的唯一条件。对许多职位而言，这甚至算不上最重要的条件，相比之
下，施展本领，建立并率领一个有效的且有凝聚力的人的组织则更为重要。

不过，理解并认同企业对经济绩效的需求，这是成为高层管理者的必要条件。

　　将经济绩效植入人的组织是非常困难的。但非这么做不可。毕竟一家公司并非自带绩效规划，是它的管理者们给了它这样的规划。他们构思这个规划，把它制定出来，并使之生效。经济成果不是各种经济势力的产物，而是人的一项成就。

义　务

今天，制定重要经济决策的主要是管理者，这是一群受聘于公司的经理人员，在某家企业组织内部做事，或经由某家企业组织做事。制定重要经济决策不再是企业家（即独立经营企业的个人）自己为自己做的事。

组织化的企业已成为现代经济和社会的创业舞台。企业制定什么经济决策以及放弃什么经济决策，极大地决定了产业经济的发展水平、发展方向和发展进程。

传统创业者并没有消失。事实上，规模庞大且不断扩张的产业经济，给凭一己之力、为一己之利而创立新企业的个体提供了有史以来最广阔的天地。二战以来，一大批"新人"白手起家，靠自己的力量在美国、西欧、日本、印度、拉丁美洲等地创立了新企业，甚至开创了整个产业。但是，即使是在干得最风生水起的时候，这种个体创业者与已经扎稳根基、实现组织化的企业相比，纵然不可或缺，但也只是经济中的一个微小分子而已。此外，

个体创业者一旦干出点模样，就得组建一家企业，并且让自己成
为管理者。否则，他的创业成就将立刻化为乌有。在当今经济中，
哪怕一家再小的企业，其规模和复杂程度也远远超过最大、最富
有的个体创业者，二者完全是两种不同的类别。

因此，对每一家企业来说，有系统地、有目标地执行经济任务和决策，
必须成为一种日常。至于这些任务是什么，以及如何部署它们，本书从头
到尾一直都在探讨这些问题。

但是，如果商业单位（business enterprise）是现代经济的创业舞台，那
么在这种单位里的每一位知识工作者就都得担任创业者的角色。在以知识
为核心资源的现代企业中，少数几个顶层人物无法单靠他们自己的力量来
确保成功。企业越是接近知识型组织，就有越多的管理者做决策，而他们
的决策会影响到整家企业及其成果。

高层管理团队并不会因此变得无足轻重，企业对其工作也不
会降低要求。相反，他们的工作反而增添了一个具有挑战性的新维
度——领导、指引、激励知识工作者，使之成长为有效的管理者。

企业中有知识的人，无论是经理人员还是凭借专业能力做出贡献的个
人，都得迫使自己履行管理者的三重义务：

- 用自己的知识和努力为经济成果做贡献的义务。知识工作者关注的
  焦点必须是贡献，而不是工作本身，也不是工作所需的技能和技术

- 聚力以赴的义务。每一位想成为管理者的知识工作者，都有责任把自己真正掌控的资源分配给机会和成果，这种资源就是他自己
- 最后，有系统、有目标、有组织地执行经济任务的义务。这些任务既是其分内的（职责和工作），也是整家企业的

今天，人们非常看重经理人员的社会责任。在工业化社会中，商业单位中的知识工作者（经理人员和凭借专业能力做出贡献的个人）已经变成新兴的领导层，而且每个领导层的职责范围，实则已远远超出其本身的直接任务和范畴。

但是，今天经理人员的首要社会责任就是让外行人（即企业外部的、不必了解企业的受教育人士）能够理解这家企业是干什么的、能干什么、应该干什么，以及它的经理们正在干什么。

许多看上去"对企业的敌意"，其实不是别的，只是受过教育的外行人（专业人士、公务员、学者）对自己好像无法研究也无法解释的某种活动表现出的困惑而已。例如，在英国费边主义者看来，做企业就像是一场盲目的、靠碰运气的赌博游戏，只要来狠的，傻瓜都能赢。当然，在外行人看来，任何"人的活动"都是如此，除非能让人看出这一切都是有系统、有目标、有组织的，也就是说，除非能将这一切概括为一门学科的知识，并且呈现出来，他们才会改变看法。

过去 20 年，经理人员之所以逐渐成为一个领导层，主要是因为他们把

自己职责中与管理有关的部分发展成了一门学科：如何把一家企业当作人的组织（human organization）来规划，来建立，来领导。而对于另外与创业有关的部分，即如何把一家企业当作商业单位来拓展其特有的、独一无二的经济功能，尚未发展为一门系统性学科。全世界的管理者都委身于管理这门学科，而现在他们必须委身于有目标的创业学科。唯有把创业当作一门学科来提出，并当作一项特定任务来执行，将资源有系统地导向经济绩效和成果，受过教育的外行人才会理解企业这一工业社会的经济器官正在努力做的事，也才会尊重它正在做的事。唯有到那时，社会才能真正认可：做企业是一种理性的追求，企业的管理者会为社会做出重大贡献。

知识工作者就算为了自己的缘故，也需要履行贡献，聚力以赴，有系统、有目标、有组织地创业的三重义务。他需要凭此义务为自己的生活和工作带来意义和满足感。越来越多有知识的人去企业工作，事实上，现代企业是最大的就业场所，人们在此得以将知识用于富有成效的工作。接受了那么多高昂教育投入的知识型员工，理应接受对其付出和业绩的高要求；而他也理应对工作满意度和激励机制提出高要求。

如果能有目标地、负责任地、凭借知识和远见来完成经济任务，经济任务就会令人欢欣鼓舞，而这正是我希望在本书中传达的东西。经济任务给我们的头脑带来挑战，也带来成就作为奖掖，还会因为从无序中理出秩序，给我们带来无与伦比的享受。

推 荐 阅 读

目前还没有一本书能全面地论述商业企业的经济决策和任务。除了有限的技术和职能问题外还关注其他问题的书实属凤毛麟角。我觉得这些凤毛麟角的书主要在以下几个方面充满刺激性和让人颇感兴趣。

重大经济决策

Chandler, Alfred D., Jr., *Strategy and Structure*. M. I. T. Press, Cambridge, Mass. 1962.

Penrose, Edith T., *The Theory of the Growth of the Firm*, Oxford, 1959.

重要的经济分析工具

Dean, Joel, *Managerial Economics*. Englewood Cliffs, N. J.: PrenticeHall, 1951.

Rautenstrauch, Walter and Villers, Raymond, *The Economics of Industrial Management*; 2nd ed. New York: Funk & Wagnalls, 1957.

Spencer, Milton and Siegelman, Louls, *Managerial Economics*; *Decision Making and Forward Planning*. Homewood, I11.: Richard D. Irwin. 1962.

财务管理

Garner, Fred V., *Profit Management & Control*. New York: McGraw Hill Book Company, 1955.

Solomon, Ezra(ed.), *The Management of Corporate Capital*. Glencoe, Ill.: The Free Press, 1959.

Solomon, Ezra, *The Theory of Financial Management*. New York: Columbia University Press, 1963.

Weston, J. F., *Managerial Finance*, New York: Holt, Rinehart & Winston, 1962.

规划

Ewing, David(ed.), *Long-Range Planning for Management*, rev. ed. New York: Harper & Row, 1964.

LeBreton, Preston P. and Henning, Dale A., *Planning Theory*. Englewood Cliffs, N. J.: Prentice-Hall, 1961.

Payne, Bruce, *Long-Range Planning*. New York: McGraw-Hill Book Company, 1963.

其实，我们翻译不了德鲁克

其实，我们翻译不了德鲁克。

那天夜半，把《为成果而管理》的全文译稿发给出版社后，这句话不知怎么就浮出心底，之后，又时时盘桓在舌尖，现在终于说出来了。

起初我们可不这样想。记得两年前，我们收到编辑老师寄来的 *Managing for Results* 一书时，掂了掂，很轻，又翻了翻，目光所及，尽是些最基本的英文表达。那一刻，我们心头似乎还掠过一丝小小的失望。我是学翻译的，在过去 20 年里读过也校译过相当数量的德鲁克作品，还写过一些践行德鲁克经营理念的中国企业案例；徐孝民博士是工科背景，英文功底深厚，又在美国本土大公司担任了近 30 年的高管，管理实践经验丰富。我想，这本小册子对我们也太没挑战了吧？至多七八个月就能交稿，我对编辑老师说。

现在回望那时的自己，未免轻狂。事实是翻译本书从开工到完稿，用了整整两年。事非经过不知难，这本书的翻译之艰难，进度之缓慢，远甚于我们所预想。

"难"就难在它的"简单"。

全书没有一个冷僻词，也鲜见复杂句型。语言简洁至极，简洁到甚至有些单调。

这种文风应该与德鲁克的写作观有关。他在《一个社会生态学家的反思》（*Reflections of a Social Ecologist*）中曾谈及自己的写作，他说对社会生态学家而言，语言并不是"沟通"，它不仅仅是信息，还是物质，是把人性凝固在一起的混凝土。它能够生成社区和团体……社会生态学家不一定是"伟大"的作家，但是他们必须是尊重他人、关心他人的作家。

由此可见，把文章写得简单易懂，或许正是作为社会生态学家的德鲁克体恤他人的一种写作品格。

然而，这一切都是对 20 世纪五六十年代的美国商界读者而言的，毕竟当时他写这本书时心中的读者是他们，不是遥远东方另一个语言体系的中国人。那些彼时彼地的美国读者一看便心领神会的词汇和概念，此时此地的我们乍一看也毫无难度，翻开各种英汉词典也很容易找到"对应"，倘若只是按照通常的翻译技法将它们铺排在一起，文法似乎无懈可击，其义却往往不知所云。

译者永远不要想以其昏昏，使人昭昭。这是当年翻译导师给我们的戒令。

用极简的内涵来表达无限的外延，这是德鲁克式表达（至少在本书中）的奇妙之处。用一个也许不甚恰当的意象打个比方，这就好比他呈现给你的是一小粒金豆子，在母语读者脑海中，这粒金豆子会自然地延展成一幅金箔，然后形成某个画面。但对于中文读者，可能就需要译者帮忙来把这粒金豆子细细敲打成一幅金箔，再复刻成作者希望呈现在读者脑海中的画面。

在翻译中，最简便、最可靠的"延展"手法是解释，而我们却不能解释，因为用释义将一个句子拉长，这有违原作的风格。

这是翻译本书的最难之处、最无奈之处，也是最具挑战之处。它常常令我们深感沮丧，但也饱尝对峙和斗争的乐趣。"一宿虽然有哭泣，早晨便必欢呼"，《圣经》中的这句话，还有鲁迅说的"字典不离手，冷汗不离身"，便是我们这两年的写照。跨越的喜乐、牺牲的悲壮、心甘情愿的妥协，此番种种，交织在一起，令我们欲罢不能。

令我们不断重新鼓起勇气的，当然还有德鲁克伟大的思想。他的睿智、他的深刻、他的悲悯、他的预见力，已令无数英雄豪杰竞折腰，在此容我们不再赘述。我们只是想从译者个体的身份出发表达一种感念，那就是在翻译的过程中，我们时时感到自己竟然可以离一个原本与我们不在同一时空的灵魂贴得那么近，几乎没有一丝缝隙。远在天涯，近在咫尺，这样的喜悦，除了沉浸在翻译中，是很难奢望的。而我们将这视为一种对译者这份苦差事的奇异恩典。

是走近的过程，也是远离的过程。寻找、接近、澄清、相融，然后分离，这是每个译者都要走的路。慢慢地靠近，慢慢地塑造、成形，再慢慢地离开你靠近的目标。你的每一个字落下的时候，读者便离作者近了一步，而译者却距离自己要贴近的这位更远了一步。

这对译者似乎有些残忍，却是每个译者从一开始就预知的结局，毕竟你要在读者面前还原的是作者，不是你，是作者的心思和风格，不是你的心思和风格。为此，我们"逼迫"自己回到德鲁克写作本书的语境，阅读那个时代的美国历史和人文经典，以了解他写作的宏大背景，并采用那个时代前后的英英字典的释义。

说到德鲁克作品，他的独特风格是公开的秘密，尽人皆知，却无人能模仿，因为没有人拥有他那种能把科学和人文艺术在作品中相融为一种博雅教育的本领。

他喜欢旁征博引，早年家庭教育为他积淀的丰厚知识，令他可以将科学，特别是医学方面的比喻信手拈来，当然还有宗教、音乐、军事、戏剧和文学，比如在本书中，他就轻松撷取了莫里哀一出戏里的台词，来比喻一直在使用分销渠道却毫无意识的工业品制造商。

他钟情平行铺叙结构这种古老而简单的修辞手法，也就是我们常说的排比句。"A business needs a central resource. It needs to integrate its activities into one knowledge or one market. It needs one area in terms of which business decision can be meaningful made…"这类结构在他的书中比比皆是。也是，他曾说过许多古老的修辞是一种艺术，能把人心吸引到对真理的热爱上来，他呼

吁管理者必须深谙此种修辞的意义所在。

他大概是痛恶"大词"的，因为那些华丽的、浮夸的、故弄玄虚的表述不符合他一贯遵循的"尊重他人，关心他人"的写作观，所以他一般只用最简单的词汇，这些词汇的释义在任何一本最基本的学生英英字典中都能找到，通常还是第一二条。也许正因为如此，他才会在本书第 2 章最后短短的一段中用 8 个"business"来表达不同的意思，他当然不会知道这种在他认为再简单不过的表述，在半个世纪后让两名中文译者殚精竭虑到几近绝望的境地。我们知道他没想为难我们，"business"的英文释义虽多，但母语读者在其语境中一目了然，不会混淆。可是，放在当下的中国语境来一个个厘清，实在不容易。

像其他作品一样，本书也有大量的警世佳句，它们简洁明快，洋溢着他令人佩服的自信。还有他最擅长的调侃，不动声色，深藏字里行间，透着他对混沌中芸芸众生的悲悯。

他在阐述观点时似乎很喜欢用"perhaps"和"maybe"这类词，这让他显得十分谦逊，可在那些"或许""大概""可能"中，我们读到的分明是他的坚定和笃信不疑。退让的表达，凝聚的却是一种斩钉截铁的权威气派。

就这样，我们在一个日益丰盈，却又不断地丧失自我、诚惶诚恐的过程中完成了这部作品的翻译。此刻，我们首先要感谢德鲁克先生，给了我们两年时间为自己的生命成果而管理，使我们自己的人生变得更丰厚、更有意义。感谢机械工业出版社的信任，将这样一部薄薄的巨著交给我们，译本难逃瑕疵，但我们坚信它一定会给读者带来深刻而持久的影响。感谢所有在本书的翻译过程中给予我们指教的人，他们中有数位 500 强企业的总经理、CFO，有管理咨询顾问，有大学英语教授，这份名单包括但不限于：刘榕、袁凤、王雷、全昌明、袁泽之、冯晓梅、张玉荣、王涵萌……

最后，我们想特别感谢本书中文版的上一位译者朱雁斌，他在 10 年前首译这本书，当时无论是德鲁克思想的传播，还是商业管理知识的普及，都与现今不可同日而语，在译本中出现理解和表达上的微疵在所难免，但不管怎么说，在翻译过程中，他的译本给了我们大量有益的参考，说这本书的重译是站在他的肩头完成的，我们以为并不为过。诗无达诂，文无全诠，译无定本，我们相信未来也许还会有更好的译本。

让我们回到开头，我们认为自己翻译不了德鲁克。有勇气说出此话，也是受益于德鲁克在本书中的教诲：要面对现实。译者面对的作品各不相同，但面对的现实都只有一种——读者只要一个原本。这个要求很简单，可偏偏他们要的原本是译者最给不起的，这也是所有从事翻译工作的人最根本的悲哀。但任何矢志翻译的人都深明一个道理：交代的是别人，捧出的全是自己，你的底子和你下的功夫。

直见性命，交付自己。有憾，无愧。这是我们最后想对读者说的。

刘雪慰

2019 年 7 月 12 日于上海

徐孝民

2019 年 7 月 11 日于美国休斯敦

本书翻译 / 审校得到了"纪念彼得·德鲁克翻译基金"的资助。"纪念彼得·德鲁克翻译基金"由志邦家居、容知日新、锐捷网络、VeSync、西安华中五家企业资助成立，旨在为德鲁克系列著作的翻译优化工作提供资金支持，以鼓励审译团队精雕细琢，反复考证，为广大读者提供更为准确易读的译本。

纪念彼得·德鲁克翻译基金

发起人：孙志勇　康至军

资助企业：志邦家居　容知日新　锐捷网络　VeSync　西安华中

《为成果而管理》
审译团队名单

译者：刘雪慰 徐孝民

审校者：慈玉鹏 李洁 林琳 柳亚涛 陆莹 欧阳开贵 孙志勇 王磊
薛香玲 辛弘 徐洪江 杨黎明 于学航 曾佳 张颖 赵云爱

彼得·德鲁克全集

序号	书名	要点提示
1	工业人的未来 The Future of Industrial Man	工业社会三部曲之一，帮助读者理解工业社会的基本单元——企业及其管理的全貌
2	公司的概念 Concept of the Corporation	工业社会三部曲之一，揭示组织如何运行，它所面临的挑战、问题和遵循的基本原理
3	新社会 The New Society：The Anatomy of Industrial Order	工业社会三部曲之一，堪称一部预言，书中揭示的趋势在短短十几年都变成了现实，体现了德鲁克在管理、社会、政治、历史和心理方面的高度智慧
4	管理的实践 The Practice of Management	德鲁克因为这本书开创了管理"学科"，奠定了现代管理学之父的地位
5	已经发生的未来 Landmarks of Tomorrow：A Report on the New "Post-Modern" World	论述了"后现代"新世界的思想转变，阐述了世界面临的四个现实性挑战，关注人类存在的精神实质
6	为成果而管理 Managing for Results	探讨企业为创造经济绩效和经济成果，必须完成的经济任务
7	卓有成效的管理者 The Effective Executive	彼得·德鲁克最为畅销的一本书，谈个人管理，包含了目标管理与时间管理等决定个人是否能卓有成效的关键问题
8 ☆	不连续的时代 The Age of Discontinuity	应对社会巨变的行动纲领，德鲁克洞察未来的巅峰之作
9 ☆	面向未来的管理者 Preparing Tomorrow's Business Leaders Today	德鲁克编辑的文集，探讨商业系统和商学院五十年的结构变化，以及成为未来的商业领袖需要做哪些准备
10 ☆	技术与管理 Technology，Management and Society	从技术及其历史说起，探讨从事工作之人的问题，旨在启发人们如何努力使自己变得卓有成效
11 ☆	人与商业 Men，Ideas，and Politics	侧重商业与社会，把握根本性的商业变革、思想与行为之间的关系，在结构复杂的组织中发挥领导力
12	管理：使命、责任、实践（实践篇） Management:Tasks,Responsibilities,Practices	为管理者提供一套指引管理者实践的条理化"认知体系"
13	管理：使命、责任、实践（使命篇） Management:Tasks,Responsibilities,Practices	
14	管理：使命、责任、实践（责任篇） Management:Tasks,Responsibilities,Practices	
15	养老金革命 The Pension Fund Revolution	探讨人口老龄化社会下，养老金革命给美国经济带来的影响
16	人与绩效：德鲁克论管理精华 People and Performance: The Best of Peter Drucker on Management	广义文化背景中，管理复杂而又不断变化的维度与任务，提出了诸多开创性意见
17 ☆	认识管理 An Introductory View of Management	德鲁克写给步入管理殿堂者的通识入门书
18	德鲁克经典管理案例解析（纪念版） Management Cases(Revised Edition)	提出管理中10个经典场景，将管理原理应用于实践

彼得·德鲁克全集

序号	书名	要点提示
19	旁观者：管理大师德鲁克回忆录 Adventures of a Bystander	德鲁克回忆录
20	动荡时代的管理 Managing in Turbulent Times	在动荡的商业环境中，高管理层、中级管理层和一线主管应该做什么
21☆	迈向经济新纪元 Toward the Next Economics and Other Essays	社会动态变化及其对企业等组织机构的影响
22☆	时代变局中的管理者 The Changing World of the Executive	管理者的角色内涵的变化、他们的任务和使命、面临的问题和机遇以及他们的发展趋势
23	最后的完美世界 The Last of All Possible Worlds	德鲁克生平仅著两部小说之一
24	行善的诱惑 The Temptation to Do Good	德鲁克生平仅著两部小说之一
25	创新与企业家精神 Innovation and Entrepreneurship:Practice and Principles	探讨创新的原则，使创新成为提升绩效的利器
26	管理前沿 The Frontiers of Management	德鲁克对未来企业成功经营策略和方法的预测
27	管理新现实 The New Realities	理解世界政治、政府、经济、信息技术和商业的必读之作
28	非营利组织的管理 Managing the Non-Profit Organization	探讨非营利组织如何实现社会价值
29	管理未来 Managing for the Future:The 1990s and Beyond	解决经理人身边的经济、人、管理、组织等企业内外的具体问题
30☆	生态愿景 The Ecological Vision	对个人与社会关系的探讨，对经济、技术、艺术的审视等
31☆	知识社会 Post-Capitalist Society	探索与分析了我们如何从一个基于资本、土地和劳动力的社会，转向一个以知识作为主要资源、以组织作为核心结构的社会
32	巨变时代的管理 Managing in a Time of Great Change	德鲁克探讨变革时代的管理与管理者、组织面临的变革与挑战、世界区域经济的力量和趋势分析、政府及社会管理的洞见
33	德鲁克看中国与日本：德鲁克对话"日本商业圣手"中内功 Drucker on Asia	明确指出了自由市场和自由企业，中日两国等所面临的挑战，个人、企业的应对方法
34	德鲁克论管理 Peter Drucker on the Profession of Management	德鲁克发表于《哈佛商业评论》的文章精心编纂，聚焦管理问题的"答案之书"
35	21世纪的管理挑战 Management Challenges for the 21st Century	德鲁克从6大方面深刻分析管理者和知识工作者个人正面临的挑战
36	德鲁克管理思想精要 The Essential Drucker	从德鲁克60年管理工作经历和作品中精心挑选、编写而成，德鲁克管理思想的精髓
37	下一个社会的管理 Managing in the Next Society	探讨管理者如何利用这些人口因素与信息革命的巨变，知识工作者的崛起等变化，将之转变成企业的机会
38	功能社会：德鲁克自选集 A Functioning society	汇集了德鲁克在社区、社会和政治结构领域的观点
39☆	德鲁克演讲实录 The Drucker Lectures	德鲁克60年经典演讲集锦，感悟大师思想的发展历程
40	管理(原书修订版) Management(Revised Edition)	融入了德鲁克于1974~2005年间有关管理的著述
41	卓有成效管理者的实践（纪念版） The Effective Executive in Action	一本教你做正确的事，继而实现卓有成效的日志笔记本式作品

注：序号有标记的书是新增引进翻译出版的作品